妻子即、地獄

無法成為丈夫的我們

稲田豐史

張瑋芃 譯

ぼくたちの離婚

獻給每一位離過婚的人

「幸福的家庭有同樣的幸福，而不幸的家庭則各有各的不幸。」

——托爾斯泰，《安娜．卡列尼娜》

「只有在嘗過眞正的苦悶後，才能學會如何給予他人溫柔。」

——柴門文，《東京愛情故事》，赤名莉香的台詞

「這就是人生　我的人生　不屬於任何人　又怎麼會被奪走呢

我是自由的　這人生處處是美夢啊」

——椎名林檎，〈人生處處是美夢〉

目錄

＊Case 1-8、12、13是以「女子SPA！」（二〇一八年六月至二〇一九年八月）中的連載文章加以調整和修正。
Case 9-10、11為專為本書所寫。

寫在前言

離婚是「人生的全部」

本書爲記錄經歷離婚的男性們，從結婚到離婚的經過與始末的報導文學。書中完全不包含女方的意見。單純從男方的視角、以男方爲中心的「史觀」來闡述他們經歷過的每一齣離婚鬧劇。

另外，作爲採訪者的我本身也有離婚的經驗。

這個企劃的源頭來自一個朋友邀約的酒局。

那個聚會的名稱叫「一個叉※」。與會者都是離過婚的人，大家在聚會上各自分享自己離婚的故事。

他們的故事，每一個都「超有梗」。

被痛苦塡滿的結婚生活、令人不寒而慄的修羅場、苦澀的抉擇，從強烈的後悔到放手一搏的覺悟。有對妻子的留戀，也有無情的詛咒。在那個聚會裡，各種

※譯注：原文為「バツイチ會」。日文バツ是叉叉的意思，一個叉叉指離過一次婚。

當時的情感和現在的心境交錯穿梭。沒有去過地獄的人，絕對說不出這麼驚人的故事。如同字面上所說，每句話都充滿血淚。

聆聽者們在對照各自經驗的同時，也表現出了激動的共鳴，是一種都受過傷的人才可以互相理解的深刻共鳴和慰藉。分享者和聆聽者之間似乎孕育出一種牢牢的牽絆，讓這個聚會產生了不可動搖的團結。

這場景讓我想到經常在好萊塢電影裡出現，針對酒精成癮患者的支持性治療，大家坐在摺疊椅上圍成一個圈的那種。

自虐的嘲笑和隱藏在倔強背後的悲傷，諷刺又不合理。而他們描述的離婚鬧劇裡，包含著上述所有的情感。

他們的故事就像落語[※1]一樣。比起單純的離婚梗，更像是他們的人生故事。用立川談志[※2]的口吻來說的話，應該是「對於人世間業障的認同」；如果是相機品牌的廣告台詞，那可能就是「人生的全部」。而這些形容詞都濃縮在那個聚會上了。

好幾年後，我將在「一個叉」中獲得的深刻體驗，放上女性取向的網路媒體

「女子SPA！」連載。本書內容是將連載的原稿加以調整、修正，另外也收錄了專門爲本書而寫的全新訪談內容。

基本上，採訪都是由我和訪談對象一對一進行（只有其中一位有介紹者同行）。訪談的場地有喫茶店、家庭餐廳、居酒屋等等。訪談時間短的兩小時，長的超過六小時。也曾經有訪談對象似乎意猶未盡，所以還換了一家店繼續聊的經驗。

他們就是如此地渴望暢所欲言，想要有人聽聽他們的不平之鳴。但好像除了我，就再也沒有可以讓他們盡情吐苦水的地方，也沒有願意聽他們抱怨的對象了。

有位男性在訪談結束後跟我說：「這是我第一次講這麼多關於自己離婚的事情。」他結束婚姻將近十年了，至今仍然有很多話想講。

※譯注1：日本的傳統表演藝術。由落語家坐在「高座」上描述一個漫長且滑稽的笑話、故事或傳說。

※譯注2：一九三六—二〇一一，日本落語家、政治家。詼諧幽默和機警，被稱作日本落語界的天才。

爲了保護個人隱私，書中的訪談對象、前妻和所有登場人物皆使用化名。某些職業、年齡、發生地點和固有名詞有加以修改，其他則是在當事者的同意下直接使用。

另外，爲了避免暴露關係人的身分，在不影響故事本身的前提下，我也調整過實際關係的細節和時間點。所以，我也不會在這裡透露和受訪者認識的過程。

再者，雖然接受採訪，但是在讀完寫好的原稿後改變心意，「希望不要刊登」的受訪者有一位（這位我們稱他爲A先生）。

另外，也有已經放上「女子SPA！」連載，卻在公開後因當事人意願，將刊登日期改爲一個月限定的文章（這位我們稱他爲B先生）。

還有已在「女子SPA！」連載，也獲得收錄進書中的許可，卻在進入書籍的編輯作業時，提出刪除網站上連載文章和取消收錄要求的則有兩位（分別稱他們爲C和D先生）。

因爲B、C、D先生拒絕收錄進書中的理由爲「根據某些法律上的判斷」，所以無法在這邊多做說明。在我試著進行各種討論和交涉後，最終還是在我本人也能接受的形式下接受了對方的要求。

畢竟都是在連載時獲得特別多迴響的文章，對於不能收錄進書中，身爲記錄者的我感到非常扼腕。但是他們也有屬於他們的（還有他們的前妻們的）人生。無論他們的故事多麼地「有趣」，我們也沒有因爲好奇而批判和傷害他人人生的權利。

針對採訪和寫稿，我最初就訂定了四個原則。

①從頭到尾都不以「男方的隊友」為立場進行採訪。

②若我對受訪者存疑也不會在文章中隱瞞。

③即使是明顯相互矛盾的發言，只要能在其中感受到受訪者的心境，也會忠實地寫進文章。

④不以說教或批判的方式做結論。

也許有些讀者會在本書的幾個地方，發現在描述情境時，應該要解釋的資訊有刻意被忽略的狀況。會造成這種結果的原因主要有兩種。

第一種是，受訪者在校稿的時間點，對於訪談時分享的內容提出「還是希望不要寫進去」的要求，而拒絕刊登。

第二種是（這一點比較關鍵），因爲不管怎麼問，本人都不願意進一步說明，或是巧妙地直接迴避這個話題。

人有時候就是這樣，該說的不說。可能是爲了在自己的生命中將離婚的原因正當化，也有可能是爲了誘導聽者產生共鳴和贊同。會這麼做也絕非惡意，因爲這也正是屬於「人生的全部」中的一部分。

那些說不出口的故事，正是事實的所在。希望大家可以試著換個立場，花點時間傾聽他們的故事。

一、無法背負「家庭」的我們

Case 01 —— 三浦隆司

無法成爲丈夫的我

「這樣也好」的婚姻

結婚的男人，如果有了小孩就會成爲父親。如果妻子是家庭主婦的話，以經濟上需要養家爲根據，男人也成爲了字面上的「一家之主」。

那麼，如果是沒有小孩，而且雙方都在工作的夫妻，那男方要如何定義自己「丈夫」的這個稱呼呢？三浦隆司（三十七歲）正是因爲無法解開這個疑問，最終走向了離婚這條路。

三浦是在十二年前、二十五歲時結婚的。對方是交往了三年、當時二十三歲的繪理。兩人都獨居在東京都內，也都在大學畢業後直接進入職場。以現在的平均年齡來說算是非常早婚，而且也並不是先有後婚。

「我在學生時期就已經有豐多戀愛經驗了。一心覺得反正也不會再有更好的對象出現，所以在二十五歲時決定要定下來。原本和繪里是想先同居一陣子再結婚，但是雙方家長都覺得『要同居就給我結婚』。這樣也好，我想。」

身材瘦瘦高高、氛圍有點像演員高橋一生的三浦，雖然是個帥哥，但是不會讓人覺得輕浮。三浦從國中時期開始就很喜歡充斥著書和音樂的次文化，大學則是考進了東京六大學府之一。經歷了以媒體業爲目標的求職生活，畢業後進入東京都內的中型廣告公司上班。

會認識在東京都內不同校就讀的繪里，是因爲繪里還是大學生時的某次聯誼，沒多久兩人就展開了交往。雖然繪理的大學偏差值※比三浦的學校要低大約兩個階級，但是多虧天生開朗的性格和親切的待人處事，她也被十分知名的老牌超大型企業錄取了。

兩人在三浦工作第四年、繪理工作第二年時結婚，同時也搬入了在東京都內租的大廈。但是就在開始一起生活後，三浦才被迫意識到兩人在價值觀上決定性的不同。

※譯注：日本升學考試的分數排名基準。偏差值越高，學生的分數排名越前面。

妻子對性的看法？「我不清楚。」

「女性要在二十歲中後半時結婚、辭掉工作成爲家庭主婦，然後買房子背房貸。她的公司就是帶著這種落伍觀念的傳統職場。每天跟有這種想法的同事們相處，她會慢慢被洗腦也是件很合理的事。平常和我聊天的時候，也開始會提到這種方向的人生規劃。

但是對我來說，卻完全不是這麼一回事。雖然大學畢業後就進入了廣告公司，但是我並沒有打算在那裡做一輩子，反而希望可以在磨練幾年後，換到一個更『精銳』的公司做我眞正想做的事。我覺得只要可以做自己想做的工作，就算公司規模小一點，或是薪水比較少也沒有關係。

比起這些更重要的是，我還想再多玩一下下。想再多聽一些演唱會，想再和朋友一起喝酒喝到掛。什麼存款、房貸的，至少對才二十出頭歲的我來說，根本是想都沒想過的事。這也導致我和她的價值觀、人生觀漸行漸遠了。」

畢竟從學生時期就開始交往，所以其實在求職階段已經知道彼此對工作的目標是完全不同的。只是三浦當初還認爲「工作和私生活應該可以完全分開吧」，所以並沒有希望繪理能夠眞正地理解自己的工作。

但是，這種想法實在太天眞。在理解之前，生活作息就已經無法配合了。

「我的工作型態是會忙爆的那種，所以在生活管理上其實蠻鬆散的。工作到半夜去喝酒、喝完回家後睡到隔天中午也是很常發生的事。但是繪理則是在我回家前就已經上床睡覺了，然後每天早上七點半起床，準時九點上班。可以說是完全碰不到面。

再加上我六日還要跟朋友見面、聽演唱會或去夜店玩，根本擠不出兩個人相處的時間。不用說平日了，就算加上週末，常常一個星期下來也沒辦法同桌吃到一頓飯。」

結婚後，三浦爲了實踐自己想做的工作，跳槽到一個製作公司當企劃。雖然是間小公司，但是能夠積極嘗試各種突破性的案子，這種「精銳」的風氣和三浦

○

非常契合。本來就沒有一定要待在大公司，未來也希望可以靠自己的能力獨立接案，所以對三浦而言，能和少數菁英部隊一起不分晝夜工作的環境，真的是再適合他不過。但是，屬於夫妻兩人的時間也因此而被犧牲了。

「某天，我忽然發現我們對於人生的規劃真的太不一樣了。我還沒有玩夠，也想要工作到做不動的那天，但是她想要的卻是一個更穩定的『家庭』。其實她應該也是想要小孩的。」

只是，還沒輪到要不要生小孩這個議題，對做人這件事就已經瀕臨絕望。

「我原本就不是性慾很強的人，做愛的次數在結婚前就已經慢慢減少了。但是畢竟才二十幾歲，所以也沒辦法甩鍋給年齡。雖然有一點點危機感，但是好像也不能幹嘛。結果到最後一年就完全沒有性生活了。」

問到對於和自己的性生活，妻子有什麼看法。三浦稍微遲疑了一下才回答。

「不知道。她本來對性就也不是太積極，我們也沒有特別聊過這件事情。」

可以扮演好「丈夫」這個角色的人，和做不到的人

兩人在結婚第五年時離婚。三浦當時三十歲，繪理二十八歲。就三浦所說，兩人離婚的理由是因爲「對於成爲夫妻，我們都還太年輕」。

「我們失敗的是，在彼此的人生規劃都還沒確定前就結婚。想要延續現在的事業和工作模式到幾歲、想要什麼時候生小孩，或是不生，這類的話題雖然不是完全沒有討論過，但是對二十幾歲的人來說，這些想法其實不斷地在改變。除了受到工作環境影響之外，身爲一個人，也會經歷各種心靈上的成長和變化。所以我覺得在身心靈尚未成熟之前，年輕人的決定眞的不能算數。」

那要到幾歲才能確立自己的人生規劃呢？我接著問。「嗯……我現在是三十七歲，到了這個年齡基本上也不太會變了吧。」三浦回答。

但是，如果繪理現在和三浦還是夫妻的話，也已經三十五歲了。從結婚那天開始，要等丈夫花十二年的時間來確定自己的人生規劃是否「再也不會改變」，實

在也太爲難人了。光是決定要不要小孩這件事，從母體來說，二十多歲的繪理和三十五歲的繪理就有著非常大的差異。

大概是因爲被我指出這點，自己有些站不住腳吧，三浦開了另一個話題。

「……其實我一直都有一個想法。就是這個世界上，存在著結婚後可以扮演好『丈夫』這個角色的人，和做不到的人。而我當時就是做不到的那種人吧。不但自以爲就算成爲夫妻，和對方仍然可以保持像戀人一般的關係，心裡也沒有想要支撐一個家庭的責任感。都結婚了，卻還是抱著『我們繼續維持感覺很不錯的關係就夠了吧』這種程度的想法。」

當不了丈夫的話，當得了父親嗎？

那麼，一個丈夫究竟應該要扮演什麼樣的角色呢？對於這個問題，三浦的回答是「每天在固定的時間回家」、「不隨便亂買自己想買的東西」。想法至今仍然模稜兩可。也許，三浦是被根本不存在的「丈夫」的定義束縛，導致自己深陷其中了也不一定。

「話說，我雖然當不了丈夫，但是我覺得我是可以成爲一個父親的。因爲只要有了小孩，我們就必須成爲父母，那我就會是一個父親了。這也是我所期盼的。」

說是願望，也只是對現在的三浦而言的願望而已，要不然二十多歲的三浦和繪理應該早就會有小孩了。

三浦在去年，三十六歲的時候再婚。目前還沒有小孩，但是本人說想生。「可是你不是沒什麼性慾嗎？」我有點故意地問了個尖銳的問題。

「只要有『想要小孩』這種明確的目標就會有性慾了。而且到了現在這個年紀，也已經可以接受比較禮貌、單純儀式性的性愛了啦（笑）。二十出頭的我可是沒辦法。」

三浦還發表了這樣的意見。

「應該有很多離婚的案例是這樣的吧。如果在二十多歲時結婚，但是過了五年左右都不生小孩的話，以離婚收場的可能性就會很高。搞不好有到一半一半呢。」

小孩就像把夫妻緊扣在一起的零件。如果沒有這個可以阻止兩人分開的角色，那麼想要維持夫妻關係，雙方在人格上都必須達到相當程度的成熟——這是三浦提出的看法。果然對他來說，離婚的理由仍然是「還太年輕了」。

「對二十多歲的我來說，完全沒有『我是一個人的丈夫』這種自覺，但是現在就有了。你問我爲什麼？因爲我太太現在沒有工作，是一個專職的家庭主婦。所以我不努力不行吧。」

在第二次的婚姻裡終於成爲「丈夫」的三浦，似乎還有點得意的感覺。

○

Case 02 —— 竹田康彦

人是會壞掉的

「這樣就每天都見得到面了呢。」

離過婚的人在談到原因的時候，帶著悔意說「百分之百都是我錯」的案例意外地很少。即使理由是因爲自己的外遇或背叛，會狡辯道：「是導致我外遇的老婆有問題。」也只能說是人之常情。

但是，外貌帶點藝人石田純一年輕時期氣質的竹田康彥（四十歲）則堅定地說：「全部都是我的錯。我老婆一點責任都沒有。」離婚的原因則是「酒精」。

在宮城縣長大的竹田，從有記憶以來的志願就是成爲一位新聞記者。高中時擔任新聞社的社長，就讀關東某國立大學時也加入了媒體研究社。

找工作時理所當然地應徵了報社，但是並沒有被錄取。在幾家名額釋出不多的出版社也落空後，從行銷公司和企劃編輯公司這兩個令人苦惱的選擇中，最終還是選了可以採訪和寫報導、比較接近記者的企編公司。

「雖然我早就知道很多企編公司都是黑心企業，而且行銷公司的薪水還高很多，但那個時候無論如何就是想要做可以寫文章的工作。因爲那個公司在製作委外的生活情報類免費刊物，所以當下只覺得：我終於可以寫字了！」

結果工作就是忙到不能再忙，基本上每天都是搭末班車回家。就算週末，也沒有休過完整的兩天，最忙的時候還曾經半個月都熬夜或直接睡在公司。當時交往的對象，也就是後來的妻子——小竹田兩歲的洋子。

「她是我媒體研究社的學妹，當時我大三，她大一。她進社團的那年我們就在一起了。畢業後，她在一個比我的公司規模更大的行銷公司上班。」

但是，在洋子開始上班後，兩人的時間就越來越難配合，原因正是竹田長到不正常的工作時間。

「因爲碰面的時間變少，她開始覺得寂寞。雖然也有想過先同居，但是又覺得如果要同居的話還不如結婚，所以我在二十六歲的時候就求婚了。洋子當時微笑著對我說：『這樣就每天都見得到面了呢。』那個笑容我到現在都忘不掉。

但是，我卻背叛了她。」

毫無自覺的酒精成癮，在爛醉中的離婚

從結婚前開始，竹田喝酒的量忽然越來越大。除了因爲工作內容大幅度地調整，也從原本的寫報導，變成以和廣告方交涉、時程管理爲主的職位。每天都過著既要忍受廣告方的任性刁難，還要照著行程壓線完成工作的日子。根本沒有一天是可以好好放鬆休息的。

「雖然我本來就蠻愛喝的，但是到最後幾乎已經變成酗酒了。就算下班回家也會因爲心情太緊張和亢奮而睡不著覺，所以每天睡前都要喝。一瓶四公升、一千九百元日幣左右的那種便宜的釀造酒，我三、四天就可以乾完。又因爲大量攝取酒精讓我變得很淺眠，就算半夜兩點才睡，早上六、七點就會醒了。醒來後繼續喝，喝完再稍微睡一下，睡完洗個澡，中午前再出門去公司。那段時期每天都是這樣輪迴。」

客戶面前能言善道又討喜的自己，和曾經目標是當一個新聞記者的自己，無

法在這兩者落差中取得理想的平衡，也是把竹田推向酗酒深淵的一個原因。這件事在結了婚、開始一起生活後也沒有改變，雖然洋子很擔心每天越喝越多的竹田，但是也沒有辦法阻止他。

「結婚後一年左右，只要我眼睛張開，就是處在酒醉的狀態。你應該會想說：這樣竟然還可以工作？但是在那個不分晝夜，工作就像打仗一樣的激烈職場，最後就是可以逼人把事情做出來。爲了避免被聞到酒味，我上班前都會認眞刷牙，工作時也會吃大量的FRISK※消除口氣。」

雖然這些很明顯就是酒精成癮的症狀，但是當時的竹田完全沒有病識感，更不用說自己去看戒酒門診了。

「我還有一次直接醉倒在離家最近的車站前面，結果聽到一個女生叫我的聲音。仔細一看，竟然是洋子。她眞的是一位很溫柔的女性。但是我卻總是因爲一些小事跟她吵架，還會脫口而出很多現在想起來都覺得誇張的髒話和惡言，常常讓她落淚。雖然我沒有動過手，但是我這些舉動跟暴力也沒有什麼兩樣了。我那個時候整個人都是壞的。我的心生病了。」

導致離婚的最後一根稻草也是個小口角。當爛醉的竹田說出：「那，要離婚嗎？」洋子不帶任何猶豫地點了點頭，「嗯」了一聲。

「我想，她應該一直都在等我說這句話吧。一定是忍太久，再也忍不下去了。在去繳交離婚證書的路上，洋子說了一句我永遠忘不了的話。她說喔，『不再好好考慮一下嗎？』背著夕陽的光，洋子發亮著。」

那一年竹田三十一歲，洋子二十九歲。兩人的關係，從交往開始約十年後就結束了。

家人不是一輩子的

「現在回想起來，我真的是對洋子做了一輩子都無法彌補的錯事。她沒有半點

※譯注：清新口氣的口含錠。

不好，還把珍貴的二字頭時光都浪費在我這種酒鬼上，結果卻什麼沒有留下。我真的發自內心地覺得很愧疚。」

竹田至今仍對十年前離婚的事感到後悔。

「我在本州東北區域的鄉下長大。村子裡不用說，就算到了小學、國中、高中，身邊也完全沒有離婚的家庭，所以對以前的我而言，家人這種存在就應該是一輩子的。但是我卻在親手毀掉自己的家庭後，才驚覺原來要讓一個家破滅是如此地簡單。這件事讓我感到非常衝擊。」

讓洋子的人生變成一場空而衍生出的罪惡感和對自己的憎恨，也讓竹田的心靈越來越混沌。離婚後，他曾經跟三位女性交往過，但也是因爲酗酒導致關係無法長久。

不過就在離婚五年後，竹田三十六歲那年，命中注定的人出現了。佐智江（當時三十三歲）是一位任職於設計工作室的設計師，兩人在飯局上認識。

「我們對音樂的喜好很相似，所以立刻就熟了起來。結果在第二次約會時，她跟我說：『你喝蠻多的吼。』的確，那天我也是從早上就開始喝了。被她一說，我當下眞的是丟臉地很想死。但是她緊接著說：『沒關係，這是可以治好的，因爲我也有相同的經驗。』」

原來，佐智江也曾經因爲工作壓力導致酒精成癮，最後在戒酒門診的幫助下康復了。從那天開始，竹田也靠著佐智江的付出和支持，在幾個月後成功戒酒。

「她是我生命中的貴人。如果沒有她，我現在大概就是個廢物吧。」

交往一年半後，兩人在竹田三十七歲、佐智江三十四歲時結婚。以爲會是個超棒的美好結局……嗎？但是故事還沒有結束。

人生的債還沒還完

「去年秋天左右，佐智江的憂鬱症發作了。她原本就是比較容易累積壓力的個性，酒精成癮的期間好像也有持續去看身心科，這是我後來才知道的。誘發的原因是職場的人際關係。她情緒起伏變得很大，而且只要我不在身邊就不好好吃飯。所以我建議她把工作辭了，現在從事跟設計完全無關的派遣工作，每天固定十點上到晚上七點。」

據竹田所說，佐智江跟初次見面時比起來好像變了一個人。

「基本上她只要在家都在哭，也會因爲各種小事發火、對我的行爲指指點點，幾乎每天都在嗆我。有次她對我說：『因爲和你結婚，害我的人生都毀了！』這句話立刻讓我想起洋子她那被我毀掉的青春，當下真的非常痛苦。但是我決定不做任何辯解，靜靜地聽她把想講的話都講完。」

跨越了一段失敗的婚姻，也成功克服了酒癮，還以爲這次終於可以抓住幸福，但是人生或許就是不會讓你這麼好過。即使如此，竹田的表情並沒有那麼不堪。「你每天都很辛苦吧……」我問道。

「當然辛苦，每天都像在打仗。但是佐智江對我有恩，是佐智江救了我。所以如果我現在不幫她，該怎麼說呢……我的人生就變得不公平了。而且，雖然這麼說可能太誇張，但是我覺得讓洋子不幸的那份債，我還沒還完。」竹田這麼回答。

「你是指要償還之前的罪過嗎？」我問。竹田搖搖頭否定。

「我原本以爲會存在一輩子的家庭在一夕間崩塌，代表沒有什麼是永遠的。我認爲人也是。就算那顆心暫時故障了，這樣的狀態也絕對不會永遠持續下去。」

好像爲了要說服自己一樣，竹田講得振振有詞。

「所以，在心故障的狀態下說出的話也不會是『眞的』。這是曾經陷入酒精成癮的我最能理解的事情。現在的佐智江對我的所有惡言惡語，也不是佐智江『眞的』想說的。在尖叫哭鬧著的佐智江背後，一定存在著一個『眞的』她……不好意思，好像變成有點肉麻的告白了。」

不會啦，我也只能這麼回應。

「酒精成癮也不是可以完全治癒的症狀，所以我有可能某天又會變回一個廢物。如果在佐智江恢復前我就再度回到成癮的狀態，那我大概會直接把身體搞爛然後死掉吧。如果是這樣的話，那我希望可以想著洋子說的『這樣就每天都見得到面了呢』，和佐智江說的『沒關係，可以治好的』這兩句話，然後死去。」

Case 03 —— 橋本亮太

家人很難

無法發自內心和他人交往

「我完全無法理解什麼『生活中的小確幸』，或『只要是和家人在一起，就算什麼都不做也覺得幸福』的這種感覺。」

說出這句話的橋本亮太（三十九歲），是一位身材修長、對外表很講究的文青系眼鏡男。烏黑的頭髮、平坦的小腹，穿著非常適合他身材的合身POLO衫。雖然完全看不出來他在四十歲前就經歷了波濤洶湧的人生，但其實他有個和前妻一起住在其他縣市的九歲兒子，而且每個月都支付著不算少的贍養費。

在東京的中型出版社擔任文藝編輯的橋本，說起話來就像我們心目中的編輯，知性、邏輯也很清晰，給人一種情感豐富且待人周到的印象。有點意外這樣的人會說出「無法理解生活中的小確幸」這種話。但是在慢慢了解他的成長背景後，我就理解了。

「我的老家在愛知縣的偏鄉。從有記憶以來，我就沒有從父母的關係中感受到愛的溫暖過。我父親任職於總公司在名古屋的大企業，領著高薪，但是很明顯的，他在外面還有女人。

因爲從家裡到公司的通勤時間大約一個小時多一點，某天開始我父親就自己在名古屋市內的大樓租了間房子住，一個月大概只會回家兩、三次。然後在我上大學的時候，他就辭職自己開公司了。」

跟不顧家庭、想幹嘛就幹嘛、只爲了自我實現的父親相反，橋本看在眼裡的，是明顯活得很不幸福的母親。

「對於從結婚當下已經知道丈夫不愛自己的母親來說，把我和姊姊拉拔長大就是她存在的意義。所以當不再需要照顧小孩後，她就失去了生活的重心。就算想要離婚，但是當了那麼久的家庭主婦，早就已經喪失出外工作養活自己的能力。我覺得她是一個很悲慘的人。」

看著自己的雙親，橋本得出一個結論。

「就算勉強維持婚姻也不會有什麼好事發生。就算一直不去正視這件事，幾年下來年紀大了，更是什麼都回不去了。看我母親這樣，讓我感受更深。」

在結束了不曾有「全家開心地齊聚一堂」體驗的幼年時期後，橋本進入了住宿制的國高中直升學校，在裡面的宿舍生活更是辛苦。

「宿舍裡的人際關係總之就是讓人很痛苦。如果只有在學校教室裡的時間那也就算了，但是一旦二十四小時都要相處在一起，那些同學醜惡的一面就會被放得很大。例如原本感情很好的人，因爲一些小事忽然交惡之類的。類似的事情不是只有我會碰到，宿舍裡隨時都在發生各式各樣的狀況，一分鐘都無法鬆懈，可以說是令人身心俱疲。」

在橋本六年的宿舍生活裡，體悟到的是：放下對他人的執念。

「就算想與人交流，但實際上也不可能產生眞正的連結。人到最後不就是一個人嗎？我在十八歲的時間點就已經這麼覺得了。」

沒有決心，只有「責任感」的婚姻

高中畢業後，橋本考上別的縣市超難進的大學，也開始了一個人生活。在爵士研究社的牽線下，認識了就讀於同一縣市的女子大學的優子，兩人開始交往。當年橋本十九歲，二十一歲的優子比他大兩歲。優子當時還住在家裡。

「我的大學和優子的女子大學間有蠻多情侶的。那間女子大學的偏差值雖然比我們學校低了十％以上，但是傳統保守、賢妻良母型的女生比較多。比起追求學校裡太有個性的女生，還蠻多同學會把目標放在優子的學校，我也是其中之一。」

其實優子對爵士樂並沒有那麼感興趣，對其中的文化背景也不算很了解。雖然沒什麼主見，但是據橋本形容，是位「氣質不錯、穩重又溫柔的女性」。

優子畢業後，隨即進入當地的建築公司擔任行政。橋本則是在兩年後進入了東京都的出版社，一直到現在。正以爲今後就要開始遠距離戀愛時，優子毅然決然地辭掉工作，跟著橋本一起到了東京。從事派遣工作的同時，展開了兩人的同居生活。就這樣過了好幾年。

「後來優子開始認真地提出想結婚、想要小孩的要求。對當時的我來說，不但一點都沒有想過要結婚，對生小孩也完全沒有興趣。但是畢竟是從二十出頭就開始交往的女生，要在對方三十歲前提出分手，我自己都覺得實在有點過分……所以就算沒有眞正下定決心，還是結婚了。在我二十七歲、優子二十九歲的時候。」

「你責任感很強呢。」我說。「不過是錯誤的責任感吧。」橋本帶著自嘲的口氣喃喃自語地接著說。

對孩子無法產生愛情

據橋本所說，優子就是那種「很珍惜家庭生活和一些日常瑣碎幸福」的人。但是，橋本似乎無論如何都無法對她這種，帶有人情味、就一般人來說蠻討喜的價值觀產生共鳴。

「經歷過雙親不合和高壓宿舍生活的我，眞的完全無法理解那些什麼『組織一個家庭帶來的沉重幸福』，或是『從每天的生活中洋溢出的感動』等等的情緒。但就算是這樣，也並沒有特別產生什麼摩擦。現在想想，應該是她很配合我吧，雖然當時的我可以說是沒有任何自覺。」

但就在結婚三年後，伴隨著小孩的出生，兩個人價值觀的差異頓時變得非常明顯。

「我自己是不想要小孩的，但還是很想完成優子的願望，而且我其實本來也帶有一點點期待。雖然一開始還無法感受組織一個家庭帶來的沉重幸福，但是至少在看到新生兒的臉後就能體會了吧！大家都是這麼說的，而且報章雜誌上也有很多類似的報導對吧。」

只不過，期待被殘忍地背叛了。

「完全失敗。不管看幾次小孩的臉，我都沒辦法產生強烈的感情，積極的責任感或澎湃的愛情之類的都沒有。我眞的完全感受不到別人說『這個小孩可是遺傳了我的基因呢！』時的那種興奮之情……我大概是有什麼缺陷吧。」

理所當然的，身爲母親的優子也會要求橋本盡一個父親的責任：心靈的部分，和分擔家務的部分。但是橋本卻沒有對她的要求作出回應，或是說，無法回應。夫妻間的感情也明顯地開始崩壞。

「雖然現在沒有住在一起，但是我覺得我那九歲的兒子很可愛。但也是在他或多或少開始有自我意識、身爲一個人，開始會講一些有趣的話之後我才開始覺得他可愛。我對我老婆也是這種感覺，到現在都還是沒有辦法單純只因爲是家人這件事就感受到幸福。」

忽然想起橋本說，他因爲宿舍生活而體悟到「就算想與人交流，但實際上也不可能眞的有所連結」、「人最後還是一個人」的心情。

「我後來知道了。我啊，就是『不擅長與家人相處』的人。」

是一輩子的痛苦，還是一輩子的十字架

在兒子剛滿一歲時，橋本提出了離婚的想法。優子卻覺得就算父母不合，為了小孩也不應該離婚而反對。但是仍然無法動搖橋本的決心。

「在那個當下仍然處於冷戰狀態的雙親，忽然出現在我的腦海裡，我只覺得絕對不可以讓小孩看到父母不和睦的景象。而且如果我繼續裝作沒事、勉強維持這段婚姻，到最後就會變得跟我母親一樣，再也找不回自己的人生。這太恐怖了。」

經過三年的分居後，兩人離婚了。兒子當然是交給優子扶養。橋本除了支付扶養費外，還貸款替沒有賺錢能力的優子在大廈裡買了一間房子，會在離婚成立的同時轉到優子名下。橋本的人生藍圖就此天翻地覆。

即使在那之後又過了五年，橋本仍然因罪惡感而深深所苦。

「我沒辦法給我妻子該給的幸福。這是我一輩子都要背著的十字架。」

擁有溫柔婉約的妻子、健康茁壯的兒子、順風順水的工作，在外人眼中應該

是沒什麼好抱怨的家庭，但是對「不擅長與家人相處」的橋本來說，那些都是他不想面對的痛苦，哪怕爲此要負擔大筆的費用和背負一輩子的十字架。橋本回想起自己下定決心要離婚時的心境，他喃喃自語地說：「只要想到這樣的痛苦要持續一輩子……我就想立刻逃離那裡了。」

現在的橋本已經和父親斷絕了聯絡，甚至有好幾年都沒通過話。目前正在和律師商討對策，希望能讓母親在有利的條件下和父親離婚。

Case 04 —— 田中元基

因爲「覺得她很可憐」，所以我們結婚了

再婚的理由是「因為她不需要我經濟上的支援」

只要問到前妻的事情，四年前再婚的田中元基（四十一歲）總是選擇含糊帶過。「就是一個有點嬌弱、溫柔的普通好女孩。」離婚的理由是：「嗯……她想要趕快生小孩，但是我不想……」除此之外就再也問不出個所以然來。

長得有一點像演員森山未來的田中，是大型ＩＴ企業旗下知名網路媒體的總監。十年前，在網路媒體的聲量還無法和現在相比的時期，田中就捨棄了當時在大型出版社的高薪待遇，跳槽到現在的公司。

田中在二十九歲的時候，和交往七年、小自己一歲的里美結婚。但是婚姻生活才三年就出現了裂痕。即使如此，田中對於里美這個人的描述卻極端地匱乏。

因爲我們的對話實在沒有進展，我只好試著把話題引導到現在的再婚對象。

「我現在的老婆亞希子和我是同行，大我五歲。我們是在一個有很多ＩＴ企業參加的聚會還是頒獎典禮，總之就是那類的場合中認識的。亞希子的公司和我的公司一樣，都是旗下有好幾個知名網路媒體的IT企業。」

田中在離婚三年後，也就是三十五歲時，認識了四十歲的亞希子，然後在三十七歲那年和四十二歲的亞希子結婚。順帶一提，這是亞希子的第一段婚姻。兩人之間沒有小孩。

「亞希子在我們相遇的那年就已經是個很成熟（四十歲）的大人了。談過一些感情、歷經過悲歡離合。對婚姻也沒有抱著什麼奇怪的期待，例如和靈魂伴侶談一個轟轟烈烈的戀愛後結爲連理——這種期待，也不會給人一種急著想要結婚的感覺。」

當我單刀直入問到想和亞希子再婚的理由，田中也很直率地回答。

「因爲她不需要我經濟上的支援。老實說她的收入和社經地位都比我還高，不管是之前還是現在。婚後我們的收支也是完全分開，我連她存款有多少都不知道。啊！當然我也是很喜歡她的外表和個性啦（笑）。」

但是讓我感到驚訝的，反而是接下來的情報。

「話說，我並沒有和亞希子住在一起。她現在外派到上海分公司，所以我自己住在單身公寓裡。而且到前年爲止我都待在曼谷，然後亞希子在日本。其實結婚後我們幾乎沒有住在一起過。」

「想守護對方」是怎樣的心情？

雖然田中表示，「因爲分別外派的機會可能會越來越多，所以我們是在討論後獲得共識才決定結婚的。」但是都結婚了，卻長時間處於分居狀態，這樣不會覺得寂寞嗎？

「其實要和亞希子結婚的時候，就覺得『同居』不一定是最好的選擇。我們甚至還討論過，也許可以在同一個大樓裡找兩間房子分開住呢。」

不需要金援對方、不住在一起也可以，而且聽下來夫妻雙方也都沒有想要生小孩。既然如此，單純維持男女的交往關係感覺就可以了。好像連法律上的婚姻證明都不需要？

被我這麼一問，田中顯得稍微遲疑了起來。

「你問得很好（笑）。這有點難解釋……硬要說的話，就是想要一個合約吧。互相扶持的合約。不管哪一方病倒時都要互相照顧。只是……現在把結婚當作合約看待的人，大概也只有我吧。如果你問亞希子的話……不知道她是怎麼想的。」

藉口是知道了，但還是不太能理解。大概是看出我一臉的困惑，田中好像想起什麼似的補充道。

「我不確定跟這件事有沒有關係啦……但是，我完全無法理解那種『想守護對方』的心情。這個世界上應該也有男性希望女友或配偶是『柔弱的』吧，但是我完全沒有這種想法。」

現在的日本，仍然有「身為一家之主的男性，應該要成為妻子和兒女經濟上、精神上的避風港」這種世俗標準。有些女性雜誌甚至還在傳授「如何有技巧地和男生撒嬌」，每次看到這種標題我都覺得無言。

當然，對年輕人來說這種老舊的「常識」已經漸漸淡薄，但是在四十一歲的田中所處的年代，「男兒當自強」這種社會壓力仍然存在於從他父母世代傳下來的觀念裡。

「里美曾經表明，希望我可以負起身爲丈夫、未來的父親，和一家之主的責任，我卻無法回應他。相反地，亞希子完全沒有要求我任何一件事。或許收入夠高是原因之一，但是她本身在精神層面上也非常獨立。或許已經可以將她視爲一個完整、無法動搖的成熟個體了。」

田中會結婚的理由：「不需要經濟上的支援」中，原來也包含了，不需要「精神層面上」的支援。

比起言語上無法溝通的痛苦，寧願選擇各種理論碰撞的衝突

「精神層面的獨立」、「完整的個體」這些詞讓我想起，常常聽到出版或媒體相關工作者提到的「和同行結婚的風險」。對靠文字或言語討生活的雙薪夫妻來說，不小心就會把對工作信念或主張的不同直接說出來，例如針對對方的工作提出過於尖銳的建議等等，導致兩人關係變得緊繃。聽說這種衝突更容易發生在精神層面上都很獨立的夫妻之間。

「我們當然也會起口角。我們各自負責的網路媒體雖然不算是直接的競爭對手，但是類型很接近，所以有時候也會因爲想法的落差而爭吵。只是我們都已經這個年紀了，這點衝突應該是不會對我們兩個的關係造成太大的瑕疵啦。」

瑕疵，意指傷痕或缺陷。田中俐落地使用了日常對話中不太常出現的單字。和亞希子的辯論中，應該也充斥著各種豐富的詞彙吧。

「里美就不像亞希子這麼會表達。吵架的時候，似乎都只有我一個人拚了老命地在說，根本吵不起來。我其實很討厭這種感覺。好像都是里美單方面在努力地配合我一樣，反而會讓我覺得有點不好意思。其實不管意見相同與否，我還是希望另一半是可以對話的。」

對田中來說，跟無法溝通的痛苦比起來，寧願選擇各種理論碰撞的衝突。這想法和「同行夫妻間的風險」完全相反。畢竟，一個理由可以是結婚的原因，當然同時也可以是離婚的原因。

「我喜歡明確知道自己想要什麼、獨立自主的女性。我在結第一次婚時並沒有清楚意識到這件事。」

這句話像是一個引子，田中終於開始願意聊聊里美這個人了。

為妻子感到悲哀

「里美的學歷不但比我低很多，工作也是非常一般的行政職。她不是一個特別有事業心的人，感覺起來好像除了和誰結個婚、生個小孩，然後當媽媽以外，人生並沒有什麼其它的規劃。

我知道這麼說非常非常渣……但是我真的覺得她很悲哀。她在我心中應該是個有點可憐的存在吧。所以我當時眞的擔心過，都交往了七年了如果忽然拋棄她，她會不會活不下去。」

結果，田中越說越激動。

「但是不但沒有主見，也說不出自己的看法，我當時對這樣活得毫無自我的里美，應該是眞的覺得……很討厭。嗯，很討厭。」

說到底，田中在訪談開始時對里美隨口的形容，「有點嬌弱、溫柔的普通好女孩」，也許這種人格特質對田中來說，就是導致離婚唯一的原因吧。

「我只是自以為是地覺得她很悲哀、很可憐……那個時候的我，根本一點都不尊重里美的人格呢。今天和稻田先生聊完，我才終於領悟到這件事。」

即使那段婚姻已經是十年前的事，今日仍然對此有了新的發現。不知道田中會選擇使用什麼樣的詞彙，跟亞希子這位他口中「可以對話的另一半」傳達他的新發現呢？

亦或是，選擇不說呢？

Case 05 —— 吉村健一

父親的條件

雖然出道了，但是活不下去

「我啊，偶爾會被別人說，感覺有點『自閉』。」

燙得捲捲的中分頭配上圓框眼鏡。吉村健一（三十八歲）的外表很像搞笑團體RAHMENS（ラーメンズ）成員．片桐仁加上鬍子的版本。

自閉、自閉症候群是一種發展障礙，現在醫學上叫做自閉症譜系障礙（Autistic Spectrum Disorder，ASD）。較爲人熟知的症狀是「不太會觀察別人的情緒」、「生活和工作上都很堅持遵守自己決定好的規則，如果被強制改變的話容易感受到劇烈的壓力」。

「我啊，如果有人找我商量事情，我都會給出過於理性的建議，然後就被對方討厭。我腦子裡也知道他可能只是單純想要獲得認同，但是要作出無意義的回應對我來說眞的是種折磨。我無法忍受沒有邏輯的事情。」

吉村在一家音響公司擔任音響工程師。學生時期因爲興趣，一邊玩團一邊在樂器行打工，常常泡在演唱會會場，也接觸過各類型的樂器，輾轉就到了現在的公司工作。

但是其實吉村還有另外一個身分。他也是一位以東京都內的小劇場爲活動據點的演員。

「高中時看了小劇場的演出後覺得很感動，進大學後就開始認眞參與學生劇團。那個時候完全沒有想過要當上班族。我原本的計畫是，大學畢業後進入一個不錯的劇團，然後靠演戲過生活。結果最後卻還是依照父母的建議念了研究所。別看我這樣，我還算是蠻會念書的（笑）。」聽到吉村念的大學和研究所後嚇了我一跳，因爲在日本都是偏差值可以進前五名的學校。但是即使念了研究所，吉村仍然積極地參與演出活動，在學期間就進入了一家規模不小的經紀公司。迎接他的，是盼望已久的正式出道。

「不過，雖然簽進了經紀公司，但是事情並沒有那麼順利。當然有以職業演員的身分站上舞台過，也演了一些電視連續劇的配角，但是認眞想想，根本就不可能靠這個過活。」

最後，加上研究所休學的兩年，總共在經紀公司待了四年的吉村便在演員生涯的第四年劃下句點，下定決心另尋出路。藉著曾擔任舞台PA（Public Address，音控）的經驗，樂器行也有一些門路，最終在二十六歲那年進入了音響公司工作。

「爸爸以前是一個專業的演員喔。」

「我當時有一個從大學開始交往的女友奈美，和我同年，是我在學生劇團演出時的觀眾。她其實對舞台劇沒那麼有興趣，但是因爲朋友喜歡，所以一起來看過好幾次公演。某次公演結束後，她和朋友出席了慶功宴，然後我們就交往了。」

大學畢業後，奈美在販賣雜貨、服飾、家具等等的大型零售店當店員。兩人穩定交往，奈美也很支持吉村的演藝生活，在吉村找到工作後，兩人開始同居。兩年後便登記結婚，當時吉村和奈美皆爲二十八歲。

「會想要登記，也是因爲奈美非常想要小孩。雖然我自己並沒有特別想要結婚和小孩，但是在我分身乏術於演員和學生兩種角色時，奈美一直都很支持我……大概是一種人情吧。我想要回應奈美的期待，所以如她所願地結了婚、生了孩子。但是，好像不應該這樣的。」

結婚後，奈美懷了個男孩，吉村音響工程師的工作也很順利。但是，卻有件事遲遲無法滿足吉村。

「想到自己快要三十歲了，忍不住捫心自問：難道就要這樣放棄演戲嗎？我要就這樣生小孩、當爸爸，然後只能跟兒子炫耀說：『爸爸以前是一個專業的演員喔？』這個想法讓我感到非常挫折。我不想要這樣，我其實還是想要繼續演戲。」

於是吉村認眞地重啟休息已久的演藝活動。聯絡了還有在演舞台劇的演員朋友和劇團工作人員，下定決心這次一定要腳踏上班族和舞台劇演員這兩條船。吉村幸運地獲得了公司主管的理解，讓工作時間能稍微彈性一點。過去的演員朋友們也都很歡迎他的回歸。

但是，只有一個人對此感到非常的不滿。就是奈美。

「我是會全神貫注於一件事上的個性，所以一旦進入演員模式後，眼裡就再也看不到別的事情了。無論是對奈美生產前後的照顧還是帶小孩，我全都沒做。奈美一開始對於我的演員活動抱持著很樂觀的態度，她也有直接表示過。但是這跟現實生活中，我完全沒有盡到身爲丈夫和父親的職責，又是完全不同的議題了。雖然奈美的不滿持續地在累積，但是我已經無法按掉身爲演員的開關了。」

就這樣，夫妻間的對話也急速地減少。

「先有後婚」的不良少年也可以是好父母

「八〇年代的英國龐克樂團歡樂分隊（Joy Division）因爲主唱伊恩・柯蒂斯（Ian Curtis）上吊自殺而廣爲人知。他好像在女兒出生時說了『好恐怖，我不敢抱』之類的話，但是我其實很能理解他的心情。

小嬰兒不就是個，明明沒有要傷害他，但他就是會莫名奇妙受傷的生物嗎？所以我兒子剛出生的時候，我也沒有很積極地想要去抱他，因爲眞的好恐怖。但是這個舉動在奈美眼中似乎被解讀爲不夠愛。」

吉村提到，不知道這種「因爲嬰兒看起來很脆弱所以不敢抱」的心態，和自己的「微自閉」是否有關聯。我也無法判斷這兩件事是否存在著因果關係，但是從吉村講話的方式，的確可以看出他是一個過於認眞、一旦認定一件事就不會輕易改變原則的人。

最終，兩人在兒子兩歲那年分居了。奈美在東京都下※的爸媽家附近租了一間公寓，上班期間就請母親幫忙帶小孩。而吉村則是在東京都內的大廈裡開始了獨居生活。

「分居的那段時間，週末時我偶爾會一個人到車站附近走走。有次在那裡看到一對絕對是『先上車後補票』、外表有點不良的年輕小夫妻，正推著嬰兒車在逛購物中心。老實說，在那之前，『先有後婚的不良少年』對我來說都只是一群看不上眼的『下等人類』……」

吉村說他在看到推著嬰兒車的年輕夫婦後，「頭好像被鐵鎚重擊了一般。」

「他們對於降臨到自己身上的一切並沒有選擇逃避。雖然只是因爲很爽所以不戴套，結果不小心有了小孩這種偶發的結果而造成人生巨大的轉變，但是他們選擇認眞面對、學習成爲父母。並沒有和我一樣，都這個年紀了，還在口口聲聲說什麼要實現自我、想演戲，然後一味地逃避自己應盡的責任。最後才發現，原來我做不好的，根本就是這件事才對。」

「不要放棄當一個父親」

分居三年多後，吉村和奈美離婚了。吉村到現在還是持續付著扶養費。兒子

※譯注：東京都二十三區以外的地區。

今年也九歲了。

「我們三個人有創一個LINE群組，仍然維持著很好的關係。只是還沒有正式告訴小孩我們離婚的事。對兒子來說，我就是『住在〇〇（離吉村家最近的站名）的爸爸』。」

剛離婚的吉村，只覺得把實現自我放在最前面、放棄了家庭也沒能陪伴小孩成長的自己，根本沒有資格當一個父親。不知道兒子長大後，會不會因為被父親拋棄而覺得悲傷呢？既然如此，也許當作父親已經死掉了會不會還比較輕鬆？當時的吉村似乎陷入了這種煩惱。

「但是在我讀了某本書裡，一位廣島原爆被害者說的話後，我的想法就改變了。他說，二戰時期，全家只有父親一個人待在滿洲。在空襲結束後，他繞著市內走了一圈，試圖找尋家人的蹤跡，但是看到街道上滿是斷垣殘壁，覺得家人們應該也都死了吧。但是，自己待在滿洲的父親還活著啊。這件事讓他獲得了莫大的救贖。」

吉村繼續說著。

「就算沒有生活在一起，但是對小孩來說，只要這個世界上還存在著一個和自己有血緣關係的父親，這件事可能就會在某個瞬間成爲支撐他的力量。所以，你千萬不要放棄當一個父親！書中的那個人好像正在這樣對我說著。所以就算我是一個很糟的父親，我還是決定要接下父親這個角色。」

吉村現在定期會和兒子見面，兩個人還會一起去旅行。

「小孩眞的很了不起！我每次和我兒子見面時都心有所感。大家不是很愛說什麼『父母的愛是無條件的』嗎？根本沒有這種事啊。眞正無條件的，是小孩對父母的愛。就算面對我這種沒用的父親，這個孩子還是願意給我這麼多的愛。眞的，除了感激以外我實在沒有什麼好說的了。」

那個曾經瞧不起「先有後婚的不良少年」的吉村早已消失。不只是小孩大了，吉村自己也因爲離婚而成長了。

Case 06 —— 花田啟司

我想我懂比爾的心情了

對長得像凱希米．凱莉[※1]的知識型文青系女生一見鐘情

經營著一家小型企劃編輯社的花田啟司（五十二歲），保有文青感卻又多了點成熟氛圍，很有日本的獨角戲先驅一成尾形的風範。花田在三十二歲時辭掉了情報誌的編輯工作，獨立創業至今。

一九八〇年代中期，花田十九歲的時候，認識了後來的妻子．玲子（當時二十歲）。地點是當時打工的人文出版社，玲子是也在那邊打工的前輩。

「玲子的文化素養十分卓越。除了三島由紀夫和埴谷雄高[※2]，也會閱讀米歇爾．傅柯[※3]和淺田彰[※4]的作品。漫畫的話，從『牙狼[※5]』到大友克洋；電影方面則是法國新浪潮[※5]、美國新好萊塢電影也都有涉獵。我是不太清楚，但她好像也蠻常去地下劇院觀賞演出。

中分的黑長髮、纖細的身材，配上典雅的笑容。抽起菸來很有態度，完全不會讓人感到粗俗。啊！你知道凱希米．凱莉嗎？她在九〇年代出道的時候，我就

一直覺得她的氣質跟玲子很像。」

將近二十分鐘，花田都帶著這種高亢的情緒，描述玲子在文化和藝術上的品味是多麼地與眾不同。

「我是後來才知道的，玲子的父親原來是一位赫赫有名的外國文學翻譯家。果然是正宗的菁英血統對吧。他們老家在東京都內的高級住宅區，但是玲子當時沒有住家裡，而是住在父母在隔壁蓋的公寓。」

※譯注1：カヒミ・カリィ，一九九〇年出道的日本歌手，有「澀谷系歌姬」之稱。
※譯注2：一九〇九—一九九七，日本的政治、思想評論家、小說家。
※譯注3：一九二六—一九八四，法國哲學家和思想史學家、社會理論家、語言學家、文學評論家、性學家。
※譯注4：一九五七年生，日本的評論家。
※譯注5：《GARO》（ガロ），一九六四年開始發行的漫畫月刊，風格較另類前衛。
※譯注6：「アングラ演劇」，是一九六〇年代和一九七〇年代的日本前衛劇院運動。

睽違七年的再會

剛從日本九州來到東京的花田，當時還覺得自己對電影算是蠻了解的，直到遇見了真正的「高手」玲子。

「我們的程度實在是天壤之別，我完完全全地敗給了玲子的文化素養。無論是閱讀的書籍，還是看過的電影，就連針對這些作品的見解和擁有的詞彙量都不在同一個水平上。即使如此，她也沒有瞧不起我。如果談到閱讀，『花田～你喜歡○○的話，應該也會喜歡△△喔。我下次借你看！』她還會給我這種建議呢。

以異性的角度來看，我絕對是非常喜歡她的，但是同時也帶著等比例的崇拜和尊敬。總之，就是一個十分帥氣的存在。只是她當時好像已經有一個蠻年長的男友，所以我根本想都沒想過。」

玲子大學畢業後在一家美術出版社擔任編輯。一年後，花田也進入一家中型出版社，並被分發到情報誌的編輯部門。兩人禮貌上互相通知了對方工作的地點，但是一直都沒有特別聯絡，就這樣過了七年的歲月。

「某天忽然發現，有位寫手是玲子和我共同的朋友。當時我也剛好跟同公司的女友分手，便以同行間的資訊交換爲名目主辦了一個餐會，請那位寫手朋友順便把玲子一起帶來。哎呀～在歲月的磨練下，她整個人變得更加優雅了呢……」

知道玲子也是單身後，花田藉著久違的再會爲由，對玲子展開了猛烈的追求。兩人也在交往兩年後結婚，當年花田三十一歲，玲子三十二歲。

「因爲我們兩個的藏書量都很驚人，所以租了一個屋齡高但空間大的2LDK（兩房一廳一廚房），並在家裡放滿書櫃。那眞的是一段很幸福的時光。可以和玲子、和書、和電影在一起。而爲了保有兩人寶貴的時間，結婚時我們就已經決定不生小孩。」

沒有夫婦共用的銀行帳戶、也不過問對方的收入。花田似乎陶醉在身爲一對帶有個人主義又遠離世俗羈絆的夫妻設定裡，也就是九〇年代流行的頂客族吧。當時的玲子對這一切似乎也很滿意。

「竟然」說想生小孩

結婚兩年後，花田創立了自己的企劃編輯社，旗下有兩位員工。

「當時出版界的景氣非常好。最賺的時候，我個人一個月的淨利可以到七、八十萬日幣呢。只是我做事也比較謹慎，畢竟已經不是上班族了，誰知道會不會忽然就沒有工作上門呢。

所以就算收入增加了也沒有因此改變原有的生活水準，仍然住在那個有點年紀的大廈裡。硬要說有什麼改變，應該就是買了一台二手的Mini Cooper吧。被玲子、書和電影圍繞的生活，加上很不錯工作。除此之外沒有什麼好奢求的了。」

玲子在三十多歲時跳槽到另外一家出版社，順利累積了不少編輯經驗。但是就在結婚第六年的冬天，夫妻間迎來了轉機。

「玲子她啊，竟然說想要小孩。」

花田確實是用了「竟然」這個詞。語氣中帶著濃濃的恨意。

「結婚的時候明明已經跟她確認過不要小孩的……但這種事的確也常聽說啦。畢竟玲子當時也三十八歲了，面對生產的難度越來越高，心態大概也開始改變了吧。」

爲什麼你不想要小孩呢？我問道。

「如果只有我和玲子兩個人的話，就算公司哪天垮了，我們也只要把自己過好就好，但是一旦有了小孩，事情就沒那麼簡單了對吧？只要我們的客戶、出版社的主編有什麼不滿，公司下個月可能就沒工作了。因爲我待過出版社，所以對這種事再了解也不過了。」

但是玲子的要求卻很強硬。

「我甚至被玲子強暴了。我平常都是做到一半會先拔出來，戴好保險套後插入再射，但是就在我要拔出來之前……那傢伙竟然非常猛烈地搖了起來……」

隔年，女兒出生了。

「不過，一看到剛出生的女兒，我的父愛也不再需要任何理由。我很珍惜她。」

當初的那個玲子再也回不來了

但是隨著小孩漸漸成長，玲子的言行舉止也開始有了變化。

「她開始說出『我對我們的未來感到非常不安』之類的話。比起一直付租金租房子，是不是買個房子比較好啊？你的公司不會有問題吧？要不要趁現在回出版社工作呢？我們之間會變怎樣呢？諸如此類。」

女性在有了小孩後，多了身爲母親的使命和責任感，導致思考模式漸漸偏向安定和保守並不是一件稀奇的事。但是，花田卻無法接受玲子這樣的轉變。

「都到這個時候了講這些要幹嘛呢！我當下都愣住了。公司未來會變得怎樣，這個我也沒辦法預測吧？想知道你就去問客戶啊。如果希望另一半的工作是終身雇傭的上班族，那去跟那種人結婚不就好了。如果覺得經營公司風險太大，那當初爲什麼還要說什麼想生小孩呢……」

夫妻兩人的感情明顯地越變越差。同時，花田也發現了一件事。

「玲子會和我結婚，其實是對家裡的叛逆。她帶著優秀的基因出生，在嚴格的教育下成長，遵從學院派父母的指示，照著社會的規範一路走過來。到了大學，終於可以從那些束縛中解脫，開始在不是那麼有規矩的『次文化』中尋找自我。美術出版社的編輯，可以說是落在正統學院派和次文化之間，一個巧妙的定位。

而和玲子重逢的我，當時做的正可說是『次文化代言人』的文化誌編輯……該怎麼說呢，以結婚對象來說應該算是鑾剛好的吧。可以過著不被傳統家庭型態束縛的頂客族生活，也可以對父母表達無聲的抵抗，一切都剛剛好。」

只是玲子卻無法貫徹她自己的立場。

「她完美地陷入父母和周遭人追求的『普世價值』這個坑裡。想要小孩、想要房子，也想要丈夫有一個安穩的工作。這些要求就是來自這種價值觀對吧？因爲當時玲子的哥哥和姊姊也都生了小孩、買了房子了。」

說著說著，花田臉上的表情也越來越悲傷。

「玲子有次竟然還對我說：『其實我應該可以跟條件更好的男人交往的。』我當場眞的是無言以對。」

因為無法忍受兩人對於人生觀的根本性差異，花田提出了離婚。當然也有支付贍養費的準備。但是玲子卻說什麼都不肯點頭，只是重複說著：「這不是我喜不喜歡你的問題。總之我是絕對不會答應離婚的。」

「簡單來說，玲子其實只是不想面對搬回娘家這種世人不待見的事，也不想忍受對父母低聲下氣的羞恥而已。那個讓打工的我崇拜不已的帥氣女孩，早就已經不在了。我打從心底幻滅，這個人怎麼會變得如此不堪呢。」

經過一年多的拉扯，婚終於離成了。在二〇〇七年，花田四十一歲、玲子四十二歲那年。在那之後花田也沒有再婚。目前雖有交往的對象，但是似乎還沒有結婚的打算。

隨時要死都可以

小孩的扶養權給了玲子。那花田對分隔兩地的女兒又帶有什麼樣的情感呢？

「我本來就對留下自己的基因是好是壞這件事存疑，畢竟活在這個世界上又不是什麼簡單的事。能有一個女兒我當然也是很開心，但是我並不確定她會不會開心有我這個爸爸。偶爾見面的時候，她會叫我給他錢。還說如果給錢的話就可以見面喔（笑）。上國中後也相對變得比較冷淡了。不過，就是這麼一回事吧。」

因爲女兒念的是國高中直升的女校，另外還要上才藝班和補習。據說玲子每個月都會跟花田要求鑾高額的贍養費。

「我就像在靠付贍養費證明自己的存在一樣。等我女兒到了三、四十歲，就算那時我已經死了，只要我在她心中不是一個會隨便斷掉金援的爸爸就好。我的心態鑾下流的吧。」

這沒有什麼好下不下流的啦！我的反射神經讓我說了這句話。

「總之只要能留下她成年前需要的花費就可以了。如果我走了，每個月會匯給她們二十五萬日幣的人壽保險，所以有時候還會想說，我現在就死了會不會比較好啊（笑）。話說回來，出版業現在也跟死了沒什麼兩樣嘛。做不了什麼大規模的書，我們公司也只能靠網站的廣編稿賺錢。紙本死去的同時，我也死了。我現在的工作就是靠著以前的積蓄在撐而已。眞的隨時要去死都可以。」

那這樣你女兒……我才剛說出口就被花田打斷。他語氣不悅地說。

「有差嗎？反正我也一點都不愛我爸媽啊。」從頭到尾都沒有提到過自己父母的花田，忽然脫口而出了「我爸媽」這個詞。

「我都不愛我爸媽了，怎麼可能還奢望我女兒愛我呢。」

我最後試著問了這個問題。「如果玲子沒有提出生小孩的要求，你們還會離婚嗎？」

好像早就準備好答案似地，花田說：「你有看過昆汀・塔倫提諾導的《追殺比爾》嗎？你知道爲什麼身爲殺手集團首腦的比爾，要襲擊舊情人『新娘』嗎？

並不是嫉妒『新娘』要跟別的男人結婚。而是因爲自己的那位舊情人，竟然要從冷酷又帥氣的殺手，變成一個超級無趣的家庭主婦。比爾因此而感到悲傷、痛苦且不忍直視才這麼做的。我想，我完全能理解比爾的心情。」

二、妻子外遇的理由

Case 07——木島慶

如主軍大人們所願

雙重不倫

「我老婆同時跟我以外的兩個男人搞外遇。對方都是已婚人士，也都是我老婆同部門的前輩。而且其中一個人的老婆也在同一個部門。也就是說，這段關係裡的五個人，有四個人是同公司、同部門的同事。」

木島慶（三十八歲）剃得短短的頭髮加上黑色粗框眼鏡，有點像黑色餅乾的天野博之，但輪廓再更有稜有角一點的版本。他娓娓道來大約八年前，這悲壯修羅場的始末。

木島是一位新聞記者，任職於總部在東京都內的全國性報社。沒有一絲皺摺的夾克搭配上漿過的全白襯衫，不打領帶，腳上踏著擦得發亮的皮鞋。就連因爲工作忙碌而容易忽略的髮型、鬍子和指甲，都打理得非常得體，左手無名指上還戴著一個鉑金戒指。木島去年再婚了。

出身於千葉縣的木島，高中畢業後考進東京都內一流的私立大學，在那裡和第一任的妻子典子相遇了。

「我大二時，剛入學的典子加入了我隸屬的媒體社團。她老家在四國，是三個小孩中最小的。父親是銀行行員，母親是公衛護理師。全家人都是基督新教的教徒，每週日好像還會一起上教堂。」

離婚三年後，木島因緣際會在Facebook上發現了典子。我請他給我看照片。當時三十四歲的典子長得有點像菅野美穗。白皙的皮膚、圓滾滾的黑色眼珠，還有飽滿的臥蠶和充滿魅力的酒窩。感覺是位溫柔的美女，實在無法跟會同時外遇兩個男人的魔性之女聯想在一起。

「真的，她就是一個充滿魔性的女人。照片看起來好像很普通，但她是那種一舉手一投足都散發著魅力的類型。」

我之後才會瞭解這句話的含義。

和「第二順位」交往

木島在校時就對典子展開追求……但並不是一見鍾情的那種感覺。他還說，典子一年級的時候根本就不在他的名單裡。

「我其實那個時候還是個處男。但是到了二十歲難免開始有一點危機意識。大二的時候也曾經試著追求社團裡的正妹同學，結果失敗收場。當時排在我『第二順位』的，就是社團裡小一屆的典子了。那一年我大三、典子大二。」

木島用了「第二順位」這個詞。也就是說「第一順位」沒有中，所以退而求其次的意思。

「追求正妹同學失敗後，我觀察了一下週遭，發現典子好像還蠻不錯的。而且社團的人都說她『很可愛』，眾人的稱讚也多多少少推了我一把。」

於是木島約了典子去逛美術館和看電影，三個月後便順利交往。對木島來說，典子是他人生中的第一位女友。木島畢業後進入東京都內的報社工作，但是因為隨即就被分發到位於北陸（日本本州中部地區）的分公司，和典子也變成了遠距離戀愛。一年後典子畢業，進入東京都內的中型廣告公司擔任業務。

「雖然是遠距離，但是每個月最少都會見上一次面，所以當時也沒有特別寂寞的感覺。不過也有可能是因爲分公司的工作實在太忙了，根本連覺得寂寞的時間都沒有。」

兩年後，木島被調回東京本公司，在一個人住的典子家附近租了個房子。但是隨著彼此越來越常住在對方家，在木島的提議下，二〇〇七年秋天時兩人在東京都心的超高層大廈裡開始同居生活。一年後的二〇〇八年底便順勢結婚了。當年木島二十八歲、典子二十七歲。聽到現在，事情看起來發展地十分順利，感覺一點問題都沒有。但是木島隨之嘆了一口氣。

「現在想想，典子原本應該是沒有要跟我結婚的意思。她其實是一個非常容易隨波逐流的人，雖然我也是在離婚後才發現這件事的。」

隨波逐流的女人

「隨波逐流」指的是什麼呢？

「從對典子的追求，到約會要去哪裡、看哪部電影，每次都是我提議的。提出同居的、想要結婚的，也全部都是我。

雖然從自己嘴裡說出來有點不好意思，但我的確是屬於比較強勢、會利用各種道理說服對方的類型，只要她回嘴，我就會針對她反對的理由一一還擊，所以導致她最後不得不接受我提出的所有要求吧。現在回想，可能是因爲這個原因。」

不過令人驚訝的是，從交往開始到典子被發現外遇之前，兩人竟然從來沒有吵過架。

「典子從來不會爲了自我主張而有什麼積極的行動，所以也根本不會發生和別人意見不合而起衝突這種事。對於假日要去哪裡、要看什麼電影、要吃什麼餐廳，她從來不會反對我的建議。」

而工作上也反應出她的才能。只是，是不好的那一種。

「念大學時，典子的夢想就是成爲廣告公司的文案。可是求職結果卻始終差強人意，雖然進了廣告公司，職位卻是業務。進公司後沒多久，典子就跟我抱怨起她的工作內容。所以我跟她說：『也許妳應該堅持朝成爲文案這個目標邁進。』看看是否有調部門的方法，或是乾脆換一間公司之類的，我提出了各式各樣的建議。

但是典子完全沒有要聽的意思。不管是對生活還是對自己的人生，就算有不滿也不會想要主動改變所處的環境。她就是這樣的人。」

求婚和婚禮的時候也是一樣。

「我特別在某個紀念日當天，訂了一家還不錯的餐廳求婚，結果她對我的告白也沒有表現出絲毫驚訝或開心的神情，更不用說是感動落淚了。只是單純地『嗯』了一聲。

而且在挑婚禮要穿的禮服時也沒有任何意見。她媽媽說工會有便宜的婚紗可以租借，但是那個質感實在過於廉價到讓我都有點卻步，結果典子竟然答應了耶。嚇死我了。」

看來典子似乎對所有的事情都表現得異常消極。

「但是！」木島說：「如果單聽我這樣描述，看起來就像是我和典子周圍的人掌握了一切局勢，無視她的意見、自顧自地行動，而她只能默默同意，好像我們都不把她的權利放在眼裡一樣對吧。但是其實根本不是這樣的。

該怎麼說明才好呢……典子完全不會讓我感覺到『她好像沒有很願意耶～這樣沒關係嗎』的不安，不，不只是我，而是大家都不會有這種不安。她好像天生就有這樣的能力，非常懂得如何配合對方。不但可以百分之百地達到對方的要求，同時又不會讓對方產生一絲罪惡感。她的這種能力眞的非常優秀。」

不主動表達自己、巧妙地順應對方。對要求來者不拒，但是又不會讓對方產生好像做錯了什麼的壓力。聽到這裡，好像可以嗅出一些典子會外遇的端倪了。

洗衣機沒有接上水龍頭

讓時光倒流一點。自從木島回到東京工作、頻繁地來往典子家後，開始發現一些奇怪的事情。

「她的洗衣機沒有接上水龍頭耶。普通不是會用水管連接牆上的水龍頭和洗衣機的出水口嗎？但是她沒有水管。所以該怎麼辦呢？她就會先啟動洗衣機，然後直接把蓋子打開去接水龍頭的水，接滿後再洗衣服。沒想到這樣也還是可以正常脫水的呢。」

我一邊聽，腦子裡一邊浮出各種疑問。典子因爲覺得麻煩所以沒有想要接上水管……難道每次洗衣服的時候都要等著接水、關水不是更麻煩嗎？但是典子自己住的那段時間的確就是這麼過的，她完全用行動體現了木島剛剛說的「就算有不滿也不會想要主動改變所處的環境」。對典子來說，「接一條水管」大概就是被歸類於「改變環境」這種超級大的工程裡吧。

「而且她家雖然有吸塵器，但很明顯根本沒在用。我看了一下，才發現集塵袋已經被吸進去的垃圾塞滿了。一問才知道，她買了之後一次都沒有替換過集塵袋。」

買一個適合自己家吸塵器的集塵袋替換這件事，典子不是不會做，而是不想做。反正就算吸塵器不能用了有點不方便，但也不是什麼太嚴重的問題，這也正符合了「就算有不滿也不會想要主動改變所處的環境」這句話啊。

「典子也完全不下廚。不是直接外食，就是買可以馬上吃的東西回來吃。所以她家的冰箱就像《新世紀福音戰士》的女主角綾波零※的冰箱一樣（笑）。除了根本沒在用的調味料以外什麼都沒有。」

而且她房間裡竟然連窗簾都沒有。

「房間角落裡放著類似布的東西，好像原本是想拿來代替窗簾但是後來放棄了的樣子。也沒有用枕頭套，枕頭上都已經有汗漬了。她好像也沒辦法好好把衣服摺整齊，洗完的東西就隨便放在一旁。我都很懷疑她那個洗衣機到底能不能把內衣洗乾淨。但是大概她不太流汗吧，所以也沒有聞到什麼異味過。」

※譯注：零的人物設定似乎是對打理生活和衛生毫無概念，她的房間髒亂且缺乏生活感。

奇特的小故事源源不絕。但典子絕對不是一個對外表毫不在意的人。

「她的衣服多半都是在VIA BUS STOP這個賣很多國外設計師作品的高級選物店買的；化妝品用香奈兒，包包也是不會低於十萬日幣的等級。還很頻繁地去美容院，花了不少錢在整理頭髮上。不管是學生時期還是出社會後，周圍對她的評價一直都是『很時尚又有品味的女生』。」

「我外遇了」

在用好品味包裝得光鮮亮麗的外表下，有著無法想像的不確定性和糟糕的生活習慣。難道木島在同居時沒有感到不安嗎？

「我當時沒有很慎重地思考過。總覺得只要我把打掃、洗衣、做飯都搞定就沒問題了，而且在搬到新家後也全部都是我在做的。問我有沒有因爲家事分配不均而生氣？從來沒有。我覺得沒有必要因爲這些事情生氣。」

談到這裡，木島的婚姻觀也更加明確。

「我們都是獨立的大人了，所以週末以外的時間想幹嘛就幹嘛啊，這是我對婚姻的想法。打掃、洗衣、做飯這些事，只要想做的人在想做的時間去做就好了。我們也不會干涉對方的收入多寡，也沒有訂定儲蓄計畫。我沒有想要小孩，所以也不會討論這個。當然她也沒有提出過。」

看起來是十分獨立的夫妻關係，但是竟然連因爲工作而錯過末班車的時候，也不會特別聯絡對方。

「典子從來沒有問過我幾點會回家。不過因爲我本來就覺得那種『我現在要回家囉』的義務性報備電話非常無聊，所以反而還覺得像我們這樣的夫妻關係很輕鬆。而且反正週末都黏在一起，所以也並不會覺得感情有變得疏離或冷淡。當然，我可是沒有一丁點想要外遇的衝動。」

大報社的記者加上廣告公司業務的雙重收入，住在蛋黃區的超高層住宅，沒有小孩。完全不吵架，丈夫工作忙碌但是週末黏踢踢，雙方都是不到三十歲的年輕人。這段關係看來似乎沒有一點破綻。但是在結婚兩年後，二〇一〇年秋天，木島的手機裡傳來了一封謎樣的簡訊。

「我收到一封寫著『我外遇了』的簡訊。雖然發送人是典子，但是我當下只覺得是惡作劇。因爲中午的時候典子才跟我說她的手機不見了。那個時候她還在用折疊式手機，所以沒有指紋鎖定功能，我才會覺得應該是撿到的人無聊亂傳的吧。」

外遇關係中的五人，有四人是同事

但平常最晚也會在十點前到家的典子，那天竟然過了末班車時間都不見人影。

「結果，她回來的時候大概已經凌晨兩點了吧。我問她今天發生什麼事了，沒想到不到十五分鐘她就全盤托出。她外面還有兩個男人。其中一人因爲不爽典子還有另一個外遇對象，所以用她的手機擅自傳了一堆爆料簡訊給電話簿裡的聯絡人。其中一個收到簡訊的就是她老公——我。」

妻子同時和兩個男人外遇。這件事已經夠不尋常了，沒想到竟然還挖出了更驚人的事實。

「我們就稱那兩個外遇對象爲A男和B男吧。A男和B男竟然都是典子同部門的前輩。傳爆料簡訊的是A男，他的妻子是大型出版社的編輯，沒有小孩。B男有小孩，而且更驚人的是，B男的妻子和他們三個人都在同一個部門。也就是說，這段外遇關係中的五個人，就有四個人是同部門的同事耶。很誇張吧。」

關於這段感覺很難立刻消化的內容，其實我早在幾年前就從同在這家廣告公司工作的朋友口中聽說了。據說這家公司業務部的前輩們，每年都會在餐會上告誡新進員工：「我們部門裡曾經發生過很不堪的外遇事件，所以你們皮都給我繃緊一點。」這種叮嚀似乎已經變成慣例了。採訪期間發現這件事的苦主竟然就是眼前的木島，讓我忍不住感嘆這個世界還眞小。

「該怎麼說呢，A男這個人可以說是已經完全超出我的理解範圍了。明明亂發爆料簡訊把事情鬧大，也會讓自己的立場變得難堪，但是他根本沒有在考慮這些。我調查後才發現，他和他妻子住在飯田橋的大樓裡，但是他另外在芝公園還有一間一房一廳的房子是留給自己專用的。也就是所謂的『砲房』啦。典子一定也有去過那裡，而且除了典子，他應該還有別的女人。」

不知為何，無法責備妻子的丈夫

在典子自首完後，木島非常冷靜地提出了「對策」。

他對典子說：「我們的婚姻要不要繼續這件事先不談，但是公司內部員工互相外遇是絕對NG的。所以如果已經被同事發現了的話，必須要編出一個自己是逼不得已被A男和B男強迫的劇本。一定要讓大家都相信妳是清白的才行。

總之妳先去相關部門提出性騷擾申訴，一定要說妳是被同部門的前輩強迫的！雖然有聽到一些奇怪的謠言，但是除了要否定有發生肉體關係，也必須表現出因爲那些謠言而感到困擾喔！

因爲在這種局面下女人是絕對有利的一方。既然不能讓你在公司裡站不住腳，那就必須製造出讓對方無法生存下去的情境才行。」

當下場面顯得有點尷尬。卽使典子承認是在雙方合意的狀態下外遇的，木島仍然堅持要她「告發僞造的性騷擾」。這樣眞的好嗎？我問道。木島理所當然似地給了我一個「哪裡不好？」的表情。

「畢竟這是當事者之間的問題，只要本人不承認，那就聽大家各說各話吧。」

除了這個讓我無法完全贊同的理由外，聽完木島的陳述後，其實還有讓我覺得更奇妙的地方。就是木島完全沒有提到，在他聽完典子的告白後是怎樣的心情。我跟木島說了我的疑惑後，他說他當下只是沒有想要表現地很激動去指責對方，也沒有想要追根究柢的意思而已。但是，在聽到自己的另一半如此誇張的外遇事實時，眞的能做到不生氣也不悲傷，還有條有理地列出待辦事項嗎？

「因爲那個時間點我還沒有開始懷疑自己和典子的關係。只覺得，這就是所謂的婚姻危機吧！這的確是有可能發生的事，所以只要能船過水無痕就好了吧！我當下是眞的看得很開。」

眞的嗎？我問道。停頓了幾秒鐘，木島喃喃自語似地說。

「什麼生氣還是悲傷的……我應該是下意識先把這些情緒放在一邊了吧。像是一種保護自己的，防衛機制。」

木島覺得有分別跟A男和B男對質的必要，所以請典子把兩人約出來。深夜告白後的隔天，和A男約在芝公園的賽萊斯廷酒店，和B男則約在溜池山王的ANA東京洲際酒店。兩邊都約在飯店大廳旁的休息區，典子也一同出席。

「B男只顧著道歉，還在現場下跪。A男則是說：『你老婆會變這樣你也有責任吧。但是這次的確是我的不對，不會再有第二次了。』」

沒想到，在以爲這件事就這樣告一段落的時候，才發現典子其實根本沒有和這兩個人結束關係。

妻子第一次的反抗

「和外遇對象對質後沒幾天，典子又到了半夜才回家。在我的逼問之下，她才說她和A男見面聊了個天。但是就算我繼續逼問：還有什麼好聊的嗎？她也不願意回答。也是從那一刻開始，我對典子產生了不信任。同時，我開始考慮要對A男和B男要求『相對應的處罰』。」

木島說想對兩人請求精神賠償，希望藉由典子再次將兩個人約出來，但是典子說什麼都不願意。

「就在我對典子的不信任到達巔峰後，我趁她睡著時偷看了一下她的手機。她竟然鬆懈到連螢幕都沒有鎖。雖然工作專用的信箱裡沒有什麼特別的，但是果然讓我在gmail的寄件備份裡發現了她和A、B男的信件，還仔細地叮嚀著：『傳簡訊很容易被發現，所以我用gmail喔。』」

B男就先不說，她和A男之間的對話實在是令人震驚。

「他竟然說要大肆地轉發兩人的性愛影片。從我的角度看起來像是A男在威脅典子，但是她卻好像也沒有不安的感覺，全部讀完後反而覺得兩個人好像在打情罵俏一樣。對於A男提出『妳幾月幾日的時候來我這！』之類的要求，典子也總是欣然接受。看得我超級不爽。」

木島隨即叫醒典子，拿著她的手機，命令她現在立刻發簡訊給A男跟他說要劃清界線。但是典子竟然做出了這九年來從未讓木島見識到的一面——她堅定地拒絕了。明確又積極地，拒絕了木島的要求。

「我問她到底想要怎樣，她說她沒有想要和A男繼續下去，但是也沒有想要現在立刻分手。所以我想要直接代替典子發簡訊，結果看到準備要打字的我，典子竟然發出一聲地鳴般的怒吼，朝我飛撲過來。交往九年以來，這樣的典子我還是第一次看到。她搶奪手機的力量眞的嚇到我了。」

結果最後簡訊還是沒有發出去。從那天開始，木島的每一天都過得十分鬱悶。最後還因爲失眠所苦。

「我有時候心臟會忽然跳很快。去看精神科後，醫生開了幫助睡眠的藥給我，但是也希望我從隔週開始進行一週一次的心理諮商。他希望我花一年的時間讓自己慢慢康復。

雖然我有聽醫生的話，但是又覺得這也只是藉由長時間用藥來延長治療的常見手段而已。然後我發現了。要讓自己康復，需要的是改變環境。所以才下定決心離婚，這大概也是自我防禦機制的啟動吧。」

「乾脆把他們都殺了」

有注意到嗎？木島並不是因爲覺得「無法修復和典子之間的關係」才決定離婚，而是爲了「守護自己的心理健康」。我並沒有要評斷哪一個才是正確的，或是有誠意的，只是因爲這原因會成爲一個很關鍵的重點。

「再這樣下去我可能會瘋掉吧。其實，我曾經還有過乾脆把三個人都殺了的念頭。B男也許還可以被原諒啦，但是我當下是眞的不想放過A男和典子。」

當年眼裡的狂野和憤怒，在木島說這句話的同時似乎又被點燃了。但是因爲知道「就算殺了他們也不能怎樣」而沒有實際行動的木島，選擇和大學時期的男性友人，也是和典子共同的朋友商量。

「我跟他說我想離婚，他一聽就忍不住爆笑。『我早就知道會變成這樣了啦！因爲當時除了你以外，典子其實同時還跟很多人交往。畢竟典子很受歡迎嘛。反正還年輕，趕快分開也好。』他說。」

聽完這句話，木島頭也不回地前往區公所領取離婚申請書，請那位友人和另一位朋友簽名作證後遞給典子。典子也同意了，並在木島的要求下立刻搬出家裡。之後木島也聘請了律師，分別向典子、A男和B男三人請求精神賠償。費時一年左右，終於拿到要求的金額。

「因爲我也還有結婚的打算，所以想要留下可以給再婚對象看的證據。證明我不需要對上一段婚姻的結束付任何責任。」

前妻和現任妻子最大的不同

在審理精神賠償的過程中，木島收到一封來自典子的信。

「信封裡有兩張紙條。上面寫著：『我一直沒有眞正努力地試著讓你理解我過。因爲反正不管怎樣你也是不會理解我的，所以我放棄了。』」

木島和典子間的關係，一言以蔽之。

「其實我應該本來就不是典子喜歡的類型。離婚後我才聽說了她大學時其他交往對象的事，對方是個才華洋溢、自信滿滿，還有點叛逆破格的人，就像A男那樣的人。和我完全是不同的路數。雖然這樣她還是答應和我交往、結婚，但是那也只是因爲我的態度比一般人強硬，剛好她又是比一般人更容易隨波逐流的個性而已。」

我又想起了木島再三提到典子「就算有不滿也不會想要主動改變所處的環境」的個性。

「我不是有說過典子一個人住在洗衣機沒有接上水龍頭的房子裡嗎？其實那就像我們倆的婚姻生活。雖然不是最佳的狀態，但是當下也沒有什麼令人特別困擾的地方，所以就先放著吧。就只是這樣而已。」

木島冷靜的語氣中，藏著一絲怨懟。

「然後出現了兩個男人向典子示好。對她來說，不管是哪一個都沒有特別需要拒絕的理由，所以也就順理成章地接受了他們所有的要求。這樣想想，無論是答應我的求婚，還是接受跟他們外遇，在她心裡應該都被歸類在同一件事吧。只是不想讓對方產生罪惡感而一味地努力討好。從頭到尾都只是這樣而已。」

我在最後問了個有點無禮的問題。那現在的妻子和典子最不一樣的地方是什麼呢？木島想都不想就回答。

「她說她很愛我，的這一點吧。」

Case 08——森岡賢太郎

完美的你，人生勝利組的我

東大出身的CEO和社工師的妻子

森岡賢太郎（三十八歲）是一家IT新創公司的CEO。高中畢業後考上東京大學，接著任職於知名的外商顧問公司，大約三年後便加入了朋友創立的公司。因爲他在資金調度執行上的優秀表現，進一步地開始參與團隊的經營管理。

和亮麗的資歷及身負重任的職位相反，森岡有一張小動物系的溫柔五官。垂垂的眼睛感覺很親切，全身散發出萬人迷的氣息。修長的身形，就連穿著寬鬆的帽T也可以看出他的身材沒有一絲贅肉。

其實森岡是一位實力很強的三鐵選手，游泳、自行車、長跑都難不倒他。在日本國內的比賽中似乎也留下了不少好成績。

訂定縝密的目標，要求自己，默默努力，完成目標。無論是身爲經營者還是三鐵選手，森岡一向以盡善盡美爲目標。和之後的妻子眞希（現在三十六歲）在二〇一二年的相遇也是因爲三鐵。

「我有位因比賽認識的教練獨立創業，在他的慶祝會上遇到了擔任接待的眞希。她的本業其實是社工師，和那位教練是同鄉、同學年的朋友，所以當天特別去幫忙。也因爲在接待處需要登錄LINE的帳號，我們私底下也就開始聯絡了。」

會取「眞希」這個化名，森岡說是因爲「我太太說，她高中的時候常常被別人說長得像前早安少女組的成員後藤眞希」。據森岡的形容：「眞希的眼距比較開，硬要說的話應該是屬於比較豔麗的長相。」但是他已經把她的照片全刪光了，所以無法一探究竟。

「認識眞希後我才知道，原來社會工作師是在服務身心和經濟上有弱勢的人士，支援他們的日常生活。眞希協助了因爲各種原因而沒有家屬可以照顧的人，也有參與臨終醫療。但是因爲同時遇到好幾個高難度的個案，所以一直以來壓力都蠻大的。」

當時的眞希任職於東京某區的醫院。

「大概因爲地緣關係，難搞的人好像蠻多的……例如被分配到照顧一直轉院的『道上人士』等等，總之就是很多麻煩的事情。她常常用ＬＩＮＥ抱怨工作很累，我當然會禮貌性地回覆，她也非常積極主動地拉近我們的距離。」

眞希那個時候住在埼玉縣越谷市，森岡則是一個人住在東京都內。兩人交往得十分順利。

但是在五年後，眞希劈腿了三個醫療工作者，還擅自動用了原本要拿來買房的一千萬存款。

願意支持我的人

「當初會決定要結婚是因爲她的貢獻度非常高，我覺得她一定會超級支持我。」

貢獻度。這個詞帶著積極參與、負起責任全力以赴的意思。的確很符合一位重點企業的ＣＥＯ會使用的字眼。

「和眞希還在交往的時候，我有一次參加三鐵比賽，結果途中因爲低溫症昏倒了。低溫症的話，從肺部流出來的血液會讓唾液變成粉紅色的。所以我就在意識不清的狀況下被送到醫院急救，當然也沒有時間聯絡眞希。但是她竟然還是爲了我趕到醫院。」

原來是因爲以森岡的跑速來說不應該那麼晚還沒到家，所以擔心的眞希直接打電話詢問活動單位。雖然工作人員以「無法洩露參賽者的個人資料給親屬以外的人」爲由遲遲不肯鬆口，但眞希仍然展現出驚人的毅力，最後終於問出了森岡所在的醫院。

「因爲當天是假日，所以那家醫院只有實習醫生……總之從結論來說，我差點就要死於誤診了。不但被抽了一堆血，也在還沒判斷出病情的狀況下就要我住進一晚三萬日幣的單人房。」

就在那時，眞希出現了。

「『××檢查做了嗎？沒有獲得患者的同意就要他住單人病房，如果上報厚生勞動省的話一定是不被允許的喔！』眞希待在意識模糊的我旁邊，板著臉不斷質問實習醫生。畢竟她的本業是社工，在醫療方面的知識很充足。就在幾乎要和實習醫生吵起來的時候，姍姍來遲的住院醫生也證實了眞希說的並沒有錯。我也終於在醫生道歉後接受了正確的治療。」

要說森岡的命是眞希救回來的也不誇張，至少森岡本人是這麼認爲的。

「不管未來我變得再怎麼糟，這個人一定也會救我的。所以我當下就決定要跟她求婚了。」

兩人在二〇一四年結婚，當年森岡三十三歲，眞希三十一歲。只不過，在婚姻生活才剛開始沒多久，一股無法忽視的不自然便籠罩了森岡。

每個月零用錢超過二十五萬日幣的雙薪家庭

「一開始讓我感到不解的是家用的部分。雖然我們是雙薪家庭，但是一開始就決定好房租、水費、瓦斯費、餐費、保險等等的生活費全部由我這邊負責。除此之外，每個月會再給眞希五萬日幣的零用錢。眞希的年收入總計大概是三百五十萬，實拿的話每個月約二十萬出頭，再加上我給的五萬元零用錢，也就是說她每個月至少都有二十五萬可以隨意使用。」

身為經營者的森岡收入比眞希多，所以多出一點也很合理，但是怎麼看好像都過於不平均。重點是，森岡自己也沒有很同意這個方式。

「眞希的邏輯是，雖然我們都有工作，但是她還要做家事……不過實際上超過一半的家事都是我在做。講難聽一點，眞希是一個很貪財的人啦。她會把寫著『化妝品：〇〇元』的清單塞給我，直接跟我說明我需要給她錢的原因。雖然我有點不能理解，但是畢竟也不是付不起的金額，而且如果我拒絕，她就會立刻回嘴，所以我乾脆乖乖把錢掏出來。當時的我覺得無論如何，還是家庭和諧比較重要。」

據說結婚前，眞希還會發下豪語地對森岡說：「我是不需要花錢養的女人。」

「眞希的父親是中小企業的社長，母親則經營著一家小餐廳。生活雖然不能稱得上非常富裕，但是好像也從來沒有經濟方面的困擾。」

話說，我向森岡詢問了眞希的學歷後。「不知道。也從來沒有想要知道過。」他回答。

「一夜五次」來自地獄的戒律

在結婚兩年後的二〇一六年，眞希說想要辭掉社工的工作。

「理由有兩個，其中一個是想要認眞進入備孕的狀態。雖然結婚的時候就有聊過生小孩的話題，但是眞希早上七點就出門，而我幾乎每天都半夜一點才回家，偶爾週末也要去公司。在這樣的生活模式下的確是有難度。

另外一個原因是，眞希的工作壓力眞的太大了。做了五年多的社工師，她似乎也有種已經達成階段性目標的感覺。就工作性質來說，哪天想要復職好像也不算太難，所以我當初是贊成她回來做家庭主婦的。當然也帶有一點點期待，想說這樣我也許就可以再少做一點家事了吧。」

誰知道，這個備孕生活一點都不單純。其實結婚後，森岡對於和眞希的性生活就一直呈現有口難言的狀態。

「眞希在結束後是會給評語的。『今天的水準有滿足到我』、『這邊表現不行』、『希望你可以再努力一點』。有時候甚至還會評分。『滿分一百分的話今天六十分』之類的。如果沒有滿足到自己設定好的目標，她就會超級不爽。」

眞希開始當家庭主婦後，對森岡的要求也越來越多了。

「不但會根據評價做出改善的指令，還加上了次數的規定。理想頻率是每天，間隔最多也不能超過兩天。辭掉工作後一整天都在家的眞希可能蠻有餘力的，但是對於幾乎每天都工作到趕末班車的我來說，實在太累了……」

而且在眞希成爲家庭主婦後，也並沒有因此多分擔一些家事，森岡的工作量似乎還變得更多。

「我半夜回家後要立刻把衣服丟到洗衣機裡，然後和眞希上床，結束後我再自己起來曬衣服。」

光是這樣感覺就已經夠辛苦了，沒想到竟然還被下達了更誇張的規定。

「一回合至少要讓眞希高潮五次才行。五次喔！弄得我好像是靠這個賺錢的一樣……說是這麼說，不過我當時還是很認眞地研究了讓女性高潮的技巧。但是我眞的很累，所以有時候實在是心有餘而力不足。偶爾想說今天到此爲止就好就先射了，然後還會被罵：『不要自己擅自結束！』這根本地獄啊。」

在妻子的枕頭旁偷看靜音的A片

即使設定了縝密的規劃也努力嘗試，但就是沒辦法順利進行。和眞希間性生活的難度無法比擬考東大或制定工作計畫，更沒辦法跟縮短三鐵的時間相提並論。

「不管再怎麼努力，次數就是不可能更多了，所以我只好相對減少每一次的密度。然後眞希察覺不對勁後就會抗議：『你是爲了生小孩所以在應付我嗎？』如果是廣告文案的話應該就會這麼寫吧：『爲結果貢獻！』一旦站上打擊區，光是單純打到球，她是不會滿意的。不只打擊率要百分之百，打出去的球還必須畫出一個漂亮的拋物線。」

繁重的工作，加上來自妻子的巨大壓力，導致森岡變得越來越萎靡，某天晚上竟然完全無法勃起。但是這樣又要被妻子罵了。不知所措的森岡只好祭出最終手段。不過，並不是靠藥物。

「說起來很像什麼喜劇的橋段，但是我眞的在眞希的枕頭旁，用只有我看得到的角度看A片。我讓臥室留一點燈光，然後就把手機放在眞希的枕頭後方，一邊做一邊看無聲的A片。在片子的助攻下我才終於有點硬了。當然這一切都不能被眞希發現。」

這種跟地獄對抗的方式實在是蠻搞笑的，難道沒有驚覺「我到底在幹嘛」的瞬間嗎？

「我當時已經完全失去判斷能力了。一心一意只想著要完成太太的要求，根本不是能夠冷靜思考的狀態。」

「生不出小孩都是你害的」

森岡在眞希身上感受到了對性生活的異常執著。只是，如果是爲了懷孕的話那還可以理解。但是森岡覺得事情並沒有那麼單純。

「因爲眞的太痛苦了，所以我問了一下身邊差不多年紀的女性朋友。剛好也有備孕經驗的朋友說：『如果眞的想懷孕的話，從排卵期的三天前開始密集地做就好，爲了那段期間男性也需要好好儲備體力。當然有定期的性生活更好，但是也不需要到每天。你太太是眞的想要小孩嗎？怎麼感覺有點怪怪的。』」

雖然覺得不對勁，但是在眞希面前也辦法做什麼。

「我越努力，就越覺得自己做不好，當然也就更提不起勁。我眞的無法克服耶。『你今天也不給我做嗎！』伴隨著辱罵聲，眞希是不會輕易放過我的。就算我反駁她，跟她說我已經很努力了，她也不肯讓步。空氣就這樣凝結到隔天，眞希會再用不屑的態度說：『結果都是我在妥協呢。』類似的場景不斷重演。」

無論平日還是假日，眞希的辱罵從早上起床持續到晚上上床。而且眞希也幾乎不太做家事，所以其實一整天都很閒。她似乎把那些儲備好的精力都拿來碎唸森岡了。

「『生不出小孩都是你害的！』她會反覆在我耳邊嚷嚷。我也曾經想要回嘴，但是被唸到最後，就連反駁的力氣都沒有了。好像被壓制在地上連續重擊的感覺。更恐怖的是，這樣的狀態一日持續下去，最後連我都會覺得好像眞的全是自己的錯一樣。」

總有一天，這些都會結束的

明明過得那麼痛苦，爲什麼當時沒有考慮離婚呢？

「雖然情況有點失控，但是我那個時候發自內心地覺得，總有一天這些都會結束的。所以必須要趕快把小孩生出來才行……」

除此之外，還有一個心靈上的枷鎖在阻止森岡離婚：他的雙親。

「在我很小的時候，當時在霞之關※從事官職的父親和身為家庭主婦的母親就叮嚀過我：『絕對不可以離婚。』我已經不記得當下是什麼狀況了，但是這句話早就深深烙印在我心上。」

誰知道，森岡後來在向雙親報告自己要離婚時，他們竟然說出了讓人不敢相信的話。

「他們竟然說：『怎麼不早點離一離呢！』我跟他們抗議說，不是說絕對不可以離婚嗎！跟之前說的不一樣嘛！結果他們也只是嘴硬地說自己沒說過那種話。」

而且後來才發現，原來兩人一開始是反對森岡結婚的。

※譯注：位於日本東京都千代田區，多個日本中央行政機關的總部座落於此，為日本的行政中樞。

「據我爸媽的說法，他們對眞希的第一印象超差。例如收碗盤的時候，眞希完全沒有要幫忙的意思，全部都是我在做。還有餐桌禮儀也不太好之類的。我當初根本沒有留意這些小事，但是從爸媽的角度來看，似乎是已經到了覺得這個女生家教不太好的程度了。當天我們離開後，我爸好像還對我媽說：『賢太郎是有多會忍耐啊！』但是在我離婚後才說這些，都是事後諸葛了啦……對吧。」

爲什麼雙親沒有在結婚前先提醒你呢？

「我媽是這麼說的啦，『畢竟你的工作壓力這麼大，應該有很多事情是我和你爸爸沒有辦法了解的吧。所以就算我們都覺得眞希有點奇怪，但是如果她對你來說是一個精神上的依靠，那也只能祝福你們了啊。』」

如果早一點察覺，也許就可以阻止一件慘事發生了。著實讓人無話可說。

「對你來說，我到底算什麼？」

二〇一六年底，就在森岡深受性生活的戒律所苦時，身爲一位家庭主婦，眞希的心靈也正逐漸崩壞。

「做飯的時候如果一有不順心，她就會把鍋子砸向洗碗槽；曬好的衣服如果摺不好，就會大力地捶打床鋪。總之就是一直在摔東西。」

在對那些沒摺好的衣服生完悶氣後，眞希還會望向森岡，默默地說：「對你來說，我到底算什麼？」

「我想她大概是很寂寞吧。雖然當家庭主婦也很不錯，但是她本來就不擅長做家務事，所以不做，也做不好。我又忙到幾乎都要坐末班車回家。那個時候我的LINE每天都會有快一百則眞希傳來的訊息。」

眞希一整天都無所事事。

「因爲沒有事可以做，只好一直看Netflix和WOWOW，或是在Amazon買超多集的長篇漫畫回來一次看完。那個時候我們有養一隻貓。她說因爲很閒所以想再養一隻，我們就去動物保護協會領養了另外一隻流浪貓。」

當然，不管是買漫畫的錢還是養貓的錢都是森岡出的。到了二〇一七年，眞希竟然還開始「限制」森岡的行爲。

「眞希規定我週末只能待在家裡，不准和朋友出去。最後竟然還要我平日六點就到家，如果眞的想要這樣的話，那當初根本就搞錯結婚對象了吧。我從還在交往的時候就已經是現在這樣的工作模式了！」

對眞希的要求，森岡當然也曾反抗過。但是……

「她說：『反正你都是老闆了，在家裡開個線上會議什麼的應該就可以了吧！』雖然這要求實在很不合理，但畢竟她的態度非常強硬，所以我也只能任性地告知同事，把排到週末的經營會議改成線上進行。」

不斷增生的紙箱

同一時間，眞希也開始出現一些奇怪的行爲。

「明明已經給她超過所需的生活費和零用錢了，她卻忽然開始打工，去小學補習班改功課和作會計事務所的行政。」

而且，森岡發現堆在家裡的紙箱莫名地越來越多。

「一問之下，原來她是要斷捨離，所以想把不要的東西放到網路上拍賣。但是買回來的東西明顯比賣出去的多很多。雖然我完全看不懂她的操作，但是如果問太多又要被罵，所以我也就沒有追問了。」

除此之外，某天眞希忽然跟森岡說：「我最近的興趣是圖書館巡禮喔。」

「她說因爲想考證照所以去了好幾個圖書館，還跟我介紹了其中她最喜歡的一間。因爲這話題很突然，我一邊納悶著一邊聽她說，最後發現她其實是想租那間圖書館附近的小套房。當然租金要我出。理由是因爲要考證照，但是在家裡的話沒辦法集中精神，圖書館又有時間限制。」

因爲太莫名其妙了，森岡繼續追問。被逼急了的眞希連珠砲般地說出了「我很寂寞」、「我對你很不滿」、「我們現在這樣跟分居有什麼不一樣」。雖然森岡當時沒有讓這些情緒擴大，但是到了二〇一七年五月，情勢卻急轉直下。

貓告訴我妻子的背叛

「某一個星期天的半夜，眞希先睡了。就在我也要回房間的時候，兩隻貓中比較頑皮的那一隻忽然在家裡暴走，剛好弄倒了眞希放在桌上的包包。」

想說來收拾一下的森岡，在包包的角落裡看到一張大頭貼。

「我稍微瞄到了大頭貼的一小角，上面是眞希和一個我不認識的男人。但是都什麼年代了，想說那應該是和前男友的回憶吧，我沒想太多就把整張抽出來看，結果上面竟然還有眞希和那個男人熱吻的鏡頭。拍攝時間是二〇一七年五月。就是最近而已。」

在那之前從來沒有懷疑過眞希外遇的森岡，比起生氣，反而是腦子一片空白。但是在煩惱了一個晚上後，森岡恢復了冷靜。因爲想要確認外遇現場的狀況，所以聯絡了私家偵探，自己也開始搜集證據。從這舉動來看，眞的很像東大畢業的人會做的事。

「請偵探全天跟監眞希的話，幾天下來要花太多錢了。所以我分析了近一年和眞希的ＬＩＮＥ對話，縮小了週間可疑的日子和時間點。只要使用多元線性迴歸分析，就可以順利獲得數據了。我還是第一次覺得有念東大眞是太好了呢（笑）。」

雖然森岡是帶著「顧問諮詢服務的心情」在說明掌握證據的策略，但是並不是在開玩笑。只是因爲覺得如果不把這件事跟私事做切割，那自己心理上一定會承受不了而已。

「在瞞著眞希收集外遇證據的這一個月，我眞的很難受。壓力大到比現在還瘦了七公斤左右，大概只剩五十三、五十四公斤吧。雖然三鐵比賽前我都會減重，但是從來沒有瘦那麼多過。那個時候也完全不會覺得餓，而且體溫一直很高，腦子感覺都空空的。」

當森岡把可疑的日子和時間點告訴偵探後，沒多久就發現了外遇現場。而且對象竟然還有三個人。三個人都是醫療相關工作，有護理師、外科醫師，和腦外科醫生。但是他們跟真希之前的工作並沒有關連，都是在網路社團或交友網站那類平台上認識的。

「其中一個人就住在真希『最喜歡的圖書館』附近。什麼圖書館巡禮的，都只是憑空捏造的謊言而已。」

消失的一千萬購屋基金

森岡接著確認了家裡的存款帳戶。帳戶雖然在真希名下，但是存摺和印章都是森岡在管理。

「我很久沒去ATM刷本子了，一刷才發現被領出了一千萬左右。大約是一週領一次、一次幾十萬的頻率。」

這個帳戶的錢是兩人預計拿來買房子的。

「當時也是眞希無論如何都想要買房子所以才開的戶頭。因爲我個人是租房派，本來就不贊成購屋。畢竟現在這個時代，沒有什麼一定要擁有房地產的理由，而且如果隔壁住了個怪人那不就後悔也來不及了，眞希是絕對沒有辦法忍受怪鄰居的。不過就算我用這個理由試圖勸退她，但最後還是失敗了。只是沒想到她竟然偷用了這些錢……」這一千萬到底都用到哪裡去了呢？

「我檢查了眞希的房間，才發現她在網路商店買了各種高級的名牌貨。的確她好像也有整理一些用不到的東西賣掉，但是賣了那些，反而又買了更多名牌。我一直以來都是直接給眞希現金當作生活費和零用錢，仔細回想，每個月只要接近發薪日，她就會緊迫盯人地叫我當天一定要去提錢。」

腳踏五條、六條船，我也可以原諒

另外，森岡諮商的離婚律師說：「如果能拿到外遇對象和眞希ＬＩＮＥ對話的畫面截圖是最好的。」

「但是因爲眞希有好幾支手機，而且全部都有鎖定螢幕，所以我本來以爲難度很高。沒想到，有天眞希把手機放在洗臉台上就去便利商店買咖啡了，而且還是沒有鎖螢幕的狀態。我急忙打開ＬＩＮＥ，卻沒有找到類似的對話。忽然，我想起一則之前讀過的文章。裡面提到很多外遇的人要互相聯絡，用的都是『KAKAO TALK』。」

KAKAO TALK是韓國的通訊ＡＰＰ，在日本的知名度和普及率都不高，所以大家反而利用這個特點用它來跟外遇對象聯絡。ＬＩＮＥ太大衆化了反而危險，一旦被懷疑，對方絕對會先檢查ＬＩＮＥ。

「果然沒錯，就是KAKAO TALK。眞希跟那三個男的每天分別都會互傳幾十條訊息，而且每個訊息都超長。我抓緊時間趕快用自己的手機把對話拍下來，拍了不知道幾十張，然後眞希就回來了。我急忙躲到洗臉台旁邊的浴室，一邊洗澡一邊滑剛剛拍的照片……內容只能說很衝擊啊。」

「好想快點離開這個家」、「這個老公已經沒有用了」、「我不知道爲什麼會跟這個人（森岡）在一起」、「我馬上就要搬出來住了」，眞希的訊息裡充斥這樣的句子。

「其實不管眞希是要腳踏三條船、四條船，還是五條、六條，如果只是單純外遇的話，也許我都還可以忍受。畢竟成爲家庭主婦後可能有點心理不平衡，和我之間又沒辦法達到理想的性生活，讓她累積了各種不滿和寂寞，導致她去找別的男人。如果只是這樣，我都覺得還有重新來過的機會。」

「但是，」森岡的語氣變得沉重：「看完KAKAO TALK的訊息後我也徹底覺悟了。啊～對這個人來說，另一半是不是我都已經沒差，她對我已經沒有任何留戀了。深信著事情會好轉而一路忍耐過來的我又算什麼呢？這讓我感到很悲傷。」

二〇一七年六月二十三日，一個星期五的早上。握有眞希完整外遇證據的森岡，面無表情地對眞希說了聲「我出門了」後就離開了家。手裡拿著入住公寓式酒店所需的生活用品。

森岡冗長的一天從這一刻開始了。

寄存證信函到自己家

「我已經請律師在當天把存證信函寄給眞希，也就是寄到我家。內容主要是，我方已掌握一切不忠的行爲，將訴請離婚和索取精神賠償，同時要求對方在六月三十日前搬出去。」

森岡會決定在這天行動，也是有理由的。

「首先，因爲這天是公司的發薪日。我已經連一毛錢都不想再給她了。另外，這天是她的打工日，下午一點到晚上八點都在工作。所以哪怕她收到存證信函後發現事情不對勁了，也沒有什麼機會採取行動。就算她想找人諮詢，中間也夾著一個週末，這樣我這邊至少還有時間撐到星期一。」

進公司後，森岡找來幾位員工。

「因爲眞希可能會打電話來公司找我，所以我先對有機會接到電話的員工說明了這件事。到時候不管眞希是展開奪命連環摳，還是直接上門來，一定要跟她說我不在。」

森岡當天把手機門號解約，切斷了所有可能和眞希直接聯絡的方式，暫時住進了距離公司一百公尺左右的公寓式酒店。眞希唯一可以接觸到的，只有存證信函上註明了聯絡方式的森岡的律師而已。

「結果跟我想的一樣，眞希不只狂打電話給律師，還傳送了大量的電子郵件。律師把那些信全部都轉給我了。」

郵件裡寫了什麼呢？

「『我是不會和你（指律師）談判的。我只跟本人對話。』她一開始的語氣蠻強硬的，但是到後來自顧自地開始扯一些財務和財產分配的事。明明到處亂花了我那麼多錢，竟然還大言不慚地要我把公司的股票分給她。眞的是傻眼耶。」

但是到了星期一，信裡的語氣就改變了。

「律師事務所收到了大概有上千字的親筆信和超級長的電子郵件。內容主要是哭訴我們以前有多快樂、想回到剛認識的時候、感到很後悔、希望我可以回家、想和我聊一聊之類的。當然，我是完全沒有想要跟她見面聊一聊的意思。在那之後不到一個星期，我收到了簽好名的離婚協議書，離婚就此成立。」

貓和值錢的東西都被帶走了

但是，也並不是就此雲淡風輕。

「畢竟還是有一些感情的。我和她父親很要好，她覺得寂寞的確也是事實。所以在發出存證信函後的一週左右，我的精神狀態都非常糟糕。連在公司開會的時候眼淚都會忽然流出來，當然我也只能用『非季節性的花粉症』矇混過去。」

不過在指定眞希搬出去的期限，也就是六月三十日的兩天後，七月二日那天爲了確認她是否已經搬完而回家查看。打開大門後，森岡才終於確定離婚是正確的選擇。

「簡直就像被闖空門了一樣……兩隻貓和所有值錢的東西都被拿走了。裡面還包含我個人的物品。什麼我們以前有多快樂、想回到認識的時候，根本都是騙人的吧。我覺得啊，那個人在往後的人生應該也會一直重複做一樣的事情。」

之後的幾天「就是一部驚悚片」，森岡說。

「首先是隔天，七月三日的晚上。因爲我有請律師叫眞希把家裡的門卡放回信箱。但是信箱裡除了門卡，竟然還有一封很長的信，和結婚證書……不是離婚證書喔，是結婚證書。證人欄上寫著眞希雙親的名字，也就是想和我重新來過的意思。我當下背脊都發涼了。」

害怕和女性單獨見面

再隔一天的七月四日，竟然有更恐怖的事情等著森岡。

「爲了幫剛離婚的我打氣，朋友們約了一起喝酒。半夜十二點左右我才剛走進我家大樓門口，就看到眞希埋伏在大廳。因爲那邊是只有住戶才進得去的區域，所以她一定是抓準時間尾隨鄰居進去的，然後就這樣一路等到半夜。這種狀況根本可以報警了吧。」

根據眞希搬出去前當面和律師簽下的契約書內容，她是不被允許直接和森岡接觸的。

「當她進入我視線的瞬間，我只下意識地覺得『我會被殺死！』。一心一意只想趕快逃到有人的地方，所以我直接轉身衝出大樓。」

「等一下！」眞希邊喊邊追了上來。「我不會作任何回應的！」森岡逃跑的同時還冷靜拒絕了眞希的要求。森岡雖然立刻聯絡了律師，但因爲不是刑事案件所以警察也無法介入，只好在大樓前和眞希保持三十公尺的距離，警告她不要再靠近。

「『我們不能和好嗎？』『不要！』大半夜的，一男一女保持著很奇怪的距離大聲交談，我們還因此被鄰居側目了。她承認外遇，也知道不是我的問題。所以一直把重點放在『她很寂寞』這件事上。」

話雖這麼說，眞希還是把家裡值錢的東西一掃而空了，所以森岡完全無法被她的告白說服。

「我明白地告訴她，直接和我接觸是違反契約的，但是她只是自顧自地說著：『契約算什麼！法律算什麼！』我真的是傻眼了。現在是在演什麼八點檔嗎……。」

最終，森岡獲判精神賠償五百萬日幣。只是這些全部都用在請偵探和律師的費用上了。而且因爲剩自己一個人住，所以也退掉了原本的房子另外搬新家，最後甚至還要另外補貼。

「和眞希離婚後，不管是和誰交往，只要稍微覺得有點不對勁，我就會忍不住立刻打退堂鼓。特別是牽扯到錢的時候。最近的一個女朋友也是，因爲她問我生日想吃什麼，我說鰻魚，她立刻露出一副厭惡的表情。雖然她沒有直接說出原因，但其實就是因爲太貴了啊。那一瞬間我就想分手了。」

森岡說，除了工作，現在和女性單獨見面的場合都會讓他很害怕。問他是否還有再婚的可能。

「再婚嗎？除非是有小孩了，要不然應該不會吧。」

「我是人生勝利組」

終於描述完整個離婚過程的森岡，再次談到眞希這個人的性格。

「結婚後，她常常把『我是人生勝利組』這句話掛在嘴上。她喜歡跟別人比較，然後覺得自己比較贏。」

有一次眞希跟森岡提到，她認識的女生朋友和老公在便宜的連鎖居酒屋結帳時各付各的這件事。

「她一邊嘲笑他們，一邊說自己絕對不會去那種店，也說我們才不會做這種事，基本上就不可能各付各的對吧！還要求我認同她的想法。我當時只覺得，這個人個性怎麼這麼差，這種事根本沒什麼好特別拿出來說的吧，但是回嘴的話又要被罵了所以作罷。反正指責她，她一定會生氣，還不如閉嘴讓事情趕快過去。」

和東大畢業、頭腦好、工作能力強、收入又遠高於一般上班族的IT重點企業CEO結婚的自己，如果用某種價值觀來評斷的話，的確可以被稱爲「人生勝利組」吧。

「她也常說『我獲得了我理想中的男人』這種話，應該也常常跟外人說吧。她的老公，也就是我，不但包容她的任性，也不會亂生氣、沒有欠債也不賭博，還不會亂喝酒。也許對她來說我曾經是個完美的丈夫。當然，我從來沒有覺得自己完美過。」

說到這，我就想到真希會幫森岡的性能力打分數，每次還會給予嚴厲的「評價」這件事。

「關於性生活，她心裡應該是有她所謂『理想』的狀態吧。只是那個『理想』到底是什麼，我到最後還是不知道……」

理想的男人、分數、評價——原來如此，性能力的分數是「六十分」的話，除了「百分之六十的完成度」以外，還有一個涵義，就是「再加四十分就是一百分，也就完美了（理想中）」。

只是能填滿那四十分的到底是什麼？又是誰呢？

孤獨又完美的跑者

聽完這一連串的離婚歷程，我著實對森岡的意志力感到佩服。被妻子當成提款機、被妻子強迫的性生活，面對各種霸凌應該早已身心俱疲，竟然還可以在不被發現的狀態下搜集外遇的證據，同時當作什麼事都沒發生似地和對方一起生活，最後再一次攤牌，讓對方無話可說。蒐集證據期間瘦的七公斤，也足以證明森岡當時的精神狀態有多糟糕。

但是，森岡並沒有被打敗。不示弱也沒有求救，而是靠自己撐過這一切。

「我那個曾經擔任官員的父親，就是那種下班只會回家，然後在家一邊喝酒一邊各種抱怨工作的人。我非常討厭這樣，還因此離家出走了好幾次。所以我把他當作反面教材，下定決心在成爲社會人士、結婚、有了家庭後，也絕對不要把工作上的情緒帶回家。」

這麼說著的森岡，確確實實就是一個可以默默完成游泳、自行車、長跑這種極限運動的鐵人。在三十八歲的年紀，身爲公司經營者的同時，除了完賽還可以拿下好成績，背後不知道累積了多強的自制力、自我鞭策和努力。埋頭苦幹、鐵一般的意志，不是普通人可以抗衡的。

「剛加入這個公司的時候，我也一連克服了好多個難關。一開始的兩、三年，每天都像在走鋼索一樣。大概也是那個時候訓練出來的吧。公司的長官也常常說我很有韌性、很會忍耐。我對生理上的疼痛忍耐力好像也蠻強的。有次指甲裂掉，沒有打麻醉直接治療的時候，醫生也驚訝地直呼不敢相信。」

「你堅強到就算沒有我也沒差吧。」

最後，森岡忽然想到一件事。

「啊！對了。眞希也有這樣對我說過。大概是結婚第二年的時候吧。她說：『你啊，堅強到沒有我也沒差吧。你太堅強了。』」

眞希好幾次說出自己「很寂寞」，也許不只是因爲森岡的晚歸，而是因爲森岡不管多累多苦，都習慣靠自己堅強的意志力撐過去，從來不願意在家人面前展現脆弱的那一面。只是現在也沒有機會確認眞正的原因了。

收到存證信函後，眞希寫給森岡的信中提到的「以前的我們很快樂」。那個「以前」，不知道指的是什麼時候呢？是森岡因爲低溫症而性命垂危，被眞希救回來的時候嗎？森岡的確是因爲這件事決定要和眞希結婚的。眞希或許也是在那一瞬間感受到命運的安排也說不一定。

如果沒有了我，也就不會有「完美」的你。塡滿你那不足的四十分，讓一切變得「完美」的這件事，又應該是誰的責任呢？

因爲摺不好衣服而發狂時眞希說的那句話，再次浮現在我腦海。

「對你來說，我到底算什麼呢？」

三、崩壞的另一半

Case 09 —— 河村仁 × Case 10 —— 澀井悟

再努力也是枉然

「メンヘラ※（men-hera）」在網路用語裡意指「心理健康有問題的人」。原本是用來針對常在日本匿名論壇「2Channel（現為5Channel）」的「心理健康版」裡發文的人，具體特徵是情緒不安定、極端的負面思考、對親近的人過度依賴和束縛、有被害妄想等等，其中進而發展成對伴侶的情緒勒索或肢體暴力的案例也不少。

河村仁（四十三歲）和澀井悟（三十六歲）就是和這樣的恐怖情人結婚、長期忍受來自對方的精神暴力，在心力交瘁後選擇離婚的當事人。河村任職於串流媒體公司，在之前的公司外發案子時認識了插畫兼漫畫家的澀井。

以畫風來說，兩人都是屬於「柔和系」的男性。相對於身材高大的河村，澀井相對比較嬌小，但是兩人都有著白皙的肌膚，說話時的語氣和眼神都很溫柔。待人親切、容易相處，口條很好但又不會讓人感到負擔，說話時豐富的用字遣詞，散發出一種知性有條理又安穩的氛圍。怎麼看都不像曾經歷過慘痛離婚的人。

※譯注：由「mental health」一詞而來。

我一開始跟河村聯絡，詢問是否可以接受採訪時，他顯得有點爲難。因爲如果詳細地敍述出離婚的時間點、發生經過、具體的事件等等，（即使會對某些專有名詞作出修改）一旦被前妻或共同的友人看到絕對會被發現。

就在我們來來回回討論了幾次後，河村主動拋出這個提議。

「我有一個同樣深受恐怖情人所苦而離婚的朋友，我們的前妻意外地有蠻多共通點的。」

而那位朋友就是澀井。

在河村的提議下，和健談的澀井商量後，如果是要談論「恐怖妻子」的特徵和攻防對策的話，就可以接受採訪。

「惡其意不惡其人」是不可能的

——河村的婚姻生活維持了五年，澀井則是三年半。兩位的前妻當時的精神狀況

是嚴重到需要去醫院的嗎？

河村 對。她在和我認識前好像就有不定期地去看醫生和拿處方藥，也有接受心理諮商。我原本就知道她有就診，也知道她的個性有點偏差，但還是鼓起勇氣走到同居那一步，只是沒想到真正一起生活後的難度，實在比想像中高太多了……平常她的情緒勒索就非常嚴重，最後糟糕到連我都要去看身心科了。

澀井 我也是在離婚前去了身心科，也做了諮商。反而是我前妻沒有接受過心理方面的治療，結婚期間和過去都沒有。但是，在我詳細地跟身心科醫師敍述她的行爲後，醫師就立刻判斷出這有可能是○○病症，還說：「這樣下去你可能會有生命危險，建議你最好立刻和妻子保持物理上的距離。」對了，前妻的病症和診斷結果可以不要寫出來嗎？

河村 我也覺得不要寫比較好。如果寫出病名，人們就容易對那個病產生刻板印象，但是我們並不想批判正苦於那些症狀的人。

澀井 畢竟我們還是想聚焦在「前妻對我們來說是多麼痛苦的存在」這件事上。

河村　另外，我也想先打一下預防針。無論如何，我們兩個基本上都是屬於「逃跑」的男人，所以我們也沒有要正當化自己行爲的意思。

——正當化指的是？

澀井　因爲我們無法陪伴「活得很辛苦」的她們走到最後，反而成了「舉白旗投降」的男人。

河村　對身邊沒有心理疾病家人的人來說也許很難理解，但事實就是，「沒有要批判那個病症，也不是要否定前妻的人格。我們也覺得因病所苦的她們很可憐，也希望她們能過一個更好的人生，只是我們實在無法繼續陪著她們走下去了。」

澀井　能做到「惡其意不惡其人」的，大概只有聖人吧。

河村　雖然可憐的她「活得很辛苦」，但是我每天從早上張開眼睛到晚上閉上眼爲止，都像被她用刀子不斷捅著肚子一樣，我就是帶著這種陰影活過來的。我就是因爲無法繼續忍受這種痛楚所以逃跑了。也許世界上有人挺過了更劇烈的痛苦吧，但是我實在沒有辦法。要說我軟弱也沒差。這就是我「沒有想要正當化自己行爲」的意思。

澀井　結婚典禮上不是都要說「結婚誓詞」嗎？

——是指「是好是壞，是疾病是健康，都願意終身愛惜她、尊重她、安慰她、保護她，以至奉召歸主」嗎？

澀井　裡面所說的「疾病」，還是有底限的。

恐怖妻子的特點① 因爲一點小事就覺得受傷

——兩位的前妻，有什麼樣子的「症狀」呢？

澀井　超乎常人地容易受傷，常常會有讓人覺得「就因爲這樣？」的狀況。還在交往的時候，某次約會時我看到街邊化妝品廣告上的女演員，只是隨口說了句「眞漂亮」，空氣就瞬間凝結了。之後不管講到什麼，除了「嗯」、「好」以外她什麼都不說。明明就是要去看電影的路上，兩人間的氣氛卻好像在守靈一樣肅穆……

河村　「好像一輩子那麼長」的感覺對吧！我懂。

澀井　後來終於到了電影院也買好票，結果她說要去廁所然後就消失了。不管傳LINE還是打電話都不回，結果電影就開始了。就在我感到不知所措的二十分鐘後，她終於傳了LINE來，上面寫著：「我要回家了。」電影結束後跟我說。我立刻打了大概五次電話給她，總算接通後，我不斷地道歉她才終於消氣。當然最後電影也沒看成。

河村　只能說陷阱和地雷都埋在意料之外的地方啊。我也是在剛開始交往的時候，被指著女偶像團體的合照問：「這裡面你覺得誰最可愛？」。其實我對那個團體也沒什麼興趣，但還是指了其中一位說：「這個吧……」結果她的臉色瞬間就暗了下來，只說了聲：「是～喔～……」然後就陷入沉默。還用輕蔑的眼神瞪著我。

澀井　沒錯，眞的就是「瞬間」。幾秒就可以變臉對吧。

河村　我當下眞的是不知道發生什麼事，只能緊張地追問：「怎麼了？怎麼了？」但是她除了「沒有啊」以外什麼都不願意說。在我追問了大概十五分鐘後，她才生氣地哭著說：「你不懂嗎？眞的不懂?!」不管我怎麼安撫她說「是因爲妳問我才回答的啊，沒有什麼意思啦」，還是「當然妳才是最可愛的啊」，她都不肯原諒我。

澀井　「明明就是妳叫我選的」的感覺。眞的永遠找不到正確的解法。總之最後都是翻臉收場。

河村　面對爆哭的她，我也只好不斷大聲地說：「我只愛你一個人啦！」結果最後還是只能下跪了。

——這樣就要下跪嗎？

河村　結婚後我還跪了很多次喔。還有在家門口的走廊跪過。那次本來是計劃要一起回我老家參加法會，順便住一晚的，結果她在出發前一天忽然說：「爲什麼要浪費我珍貴的休假時間回你家啊！」超氣的喔。

但是我明明一開始就已經跟她說過：「我自己回去也可以。畢竟蠻遠的，我爸媽也不介意，沒關係的喔。」但是她當時還反過來責備我說：「怎麼可以！這樣我只會被認爲是一個糟糕的老婆好嗎！」所以後來才決定要一起回去的。沒想到前一天竟然會變得如此崩潰。

「讓你這麼痛苦，眞的很不好意思！」雖然我不斷道歉，但仍然無法平復她的心情。最後她竟然說：「明天你就自己回去吧。我這幾天先去住網咖。」然後就迅速地準備好行李要出門。

澀井 「我要出去住」也是慣用手法。每次都一定會這麼說，但是從來沒有眞的出去過。

河村 但是我已經跟父母和親戚說好會一起回去，而且他們也很期待看到我們。我想說這樣不行，就追了上去。「等一下！」我在大樓的走廊追上她，「不要這樣！放手！」她用很誇張的音量大喊。感覺已經有點精神錯亂了。她幾乎是用甩開變態的力量把我的手甩開的。同一層樓的鄰居因爲我們太大聲，還開門出來確認是不是發生什麼事了呢。

我當下腦子一片空白，只想著要趕快結束這一切，所以直接就下跪了。「拜託請原諒我！拜託拜託！都是我的錯！拜託拜託……」像個傻子一樣，一邊重複這些話一邊磕頭，也顧不了酷暑的磁磚有多燙。

最後當然是把她哄回家了，但是我大概一輩子都忘不了額頭的那個觸感吧。就好像失去了身爲人最重要的什麼東西一樣。我偶爾還是會想起這件事，每次都會發自內心地感到非常不舒服。

——不能在對方自己氣消前放任不管嗎？一定要忍氣吞身地道歉？

河村 不行。一旦她激動起來，如果只是放著不去安撫，她就會爲了引起我的注意而做出自殘的行爲。雖然不至於割腕，但是會在我面前用頭猛撞流理台，或是拿拖鞋狂打自己的臉、用遙控器大力地捅自己的胸口之類的。剛結婚的時候第一次碰到這種情況，因爲實在太害怕了，所以一味地只想趕快取悅她。

澀井 我們家那位不會自殘，但會直接做我最討厭的事。例如把我的幾百張ＣＤ全部丟到玄關，或是把我的遊戲機和周邊裝進半透明垃圾袋裡再扔到大門外。還有一次把我的好幾件衣服揉得亂七八糟，再塞進陽台的盆栽裡。結果剛好下了一場雨，衣服沾了土後全都變得爛兮兮的。

河村　她們不會根本性地破壞或拋棄。也就是說，不會讓你完全失去那個東西。就像我前妻不會眞的割腕一樣。她們只是想要讓對方感到困擾，想讓對方看著自己，想讓對方「花心思」在自己身上而已。

澀井　其實如果能夠冷眼旁觀就好了，只是我們倆個都做不到而已。

河村　我們都不夠大器，也不夠冷靜吧（笑）。

澀井　所以被對方過激的情緒搞得團團轉，又著急又慌張，要我下跪也好、幹嘛都好，總之能趕快把場子擺平就好，導致最後只是把精神上的主導權交到對方手中而已。

河村　其實冷靜想想，的確會覺得只因爲這種事就暴怒很不正常。但是像女偶像團體的事，因爲聽說過「女生是很纖細的生物，容易嫉妒也容易受傷」這種不確定哪來的說法，但總之就覺得是因爲自己太白目，所以忍不住先反省再說。

——但是不會覺得跟「罪行」相比，「處罰」過重嗎？

澀井　我自己一開始眞的是完全的戀愛腦。會自動把這樣的狀況解釋爲「她這麼受傷，一定是因爲太愛我了」、「和以前交往過的女生不一樣，我們這段關係是特別的」，下意識對這些狀況作出過於正面的評價。也許比起她本人的魅力，我更沉醉在我們這段關係的與衆不同裡吧。結果，爲了努力維持這種「與衆不同」，反而讓自己苦不堪言。

河村 我和澀井都是意志力很強的人。沒想到這個特質反而變成一種傷害。如果能早一點放棄，也許就不會傷得那麼深，但是就是因爲太堅持了，反而活活受了更多不必要的罪。

恐怖妻子的特點② 情緒變化劇烈

澀井 像我們回老家參加法會的事也是，你不覺得她們常常對於同一件事情的感受，光是昨天和今天就會產生一百八十度的大轉變嗎？

河村 會耶。我們的結婚典禮就是這樣。原本我們兩個都沒有想要辦婚禮，但是後來爲了完成她祖母的願望所以還是決定舉辦。但是決定要辦後更恐怖。才剛興奮地說完：「都要辦了，我們就辦得好一點吧！」隔天忽然立刻改口說：「我根本不想辦什麼婚禮！根本只是在浪費錢！你當初爲什麼不反對呢！」竟然還反過來責備我。

定裝的時候也是，選禮服的時候明明蠻開心的，結果當天睡覺前忽然一臉絕望地哭著逼問我說：「穿那個像小丑一樣的禮服我一定會被笑啦！我不要辦婚禮了啦！」在籌備婚禮的半年間，類似的情景就這樣反覆上演。

澀井　小至當天的晚餐、週末要做的事，大至要加入什麼保險、對上司和朋友的評價或工作理念等等，幾乎每天的意見和想法都在滾動式的變化。我當下都會帶著肯定的語氣對她說：「對啊～妳說的沒錯。這樣做很好。妳是正確的。」但是有時候甚至不用到隔天，幾分鐘後她就會全盤否定自己的發言。我完全不能有一分一秒的鬆懈。只要沒有立刻察覺她的變化，講出和那瞬間的她想法不同的話，她就會暴怒地說：「你根本不了解我的心情！」

河村 所以，我們每天都在看她們的臉色過日子。

澀井 週末的計畫基本上不到週六早上無法決定。要看週六早上她的心情如何，才能安排之後的行程。就算原本說好要去看電影，但是如果起床後她的表情不是很開心，我就要搶先提出：「今天別看了吧。」因為如果硬出門的話，在外面絕對會發生很恐怖的事情。「我根本不想看電影，為什麼要逼我！」之類的。或是如果電影不好看，之後吃飯的時候她還會用憎恨的眼神瞪我。真的是如坐針氈耶！

——她們不會在出門前先表明「今天不想出去了」嗎？

澀井 不會。基本上都是馬後砲。所以只要讀錯空氣，就都是我的錯。

河村 不過我家的狀況是，她自己都無法控制自己的情緒，連我都可以明顯感受到她的困惑和痛苦，疲於自己過於激烈的情感變化。所以我才會覺得她很可憐，只是我實在無法時時刻刻應付她那些混亂的節奏，真的太痛苦了。

而且，為了守護她的感情，到最後我反而失去了對自己未來的規劃。這應該也是壓垮我的最後一根稻草吧。我完全沒辦法擁有屬於自己的人生。

澀井　她們會忽然暴怒的理由，多半也來自以前一些不愉快的經驗，那些被刻在心底的不愉快因爲某些原因而被引爆。有時候會忽然搬出幾個月、甚至幾年前的事情質問我說：「你當時爲什麼要說這種過分的話！」之類的。不管爲了什麼吵架，都一定會翻各種舊帳。

河村　某本探討男女差異的書上寫著「女性有把過去的事情拿出來責備對方的傾向」，但是再怎麼說也該有個限度吧。有次，我和前妻對某本小說角色的心情持有不同的意見。這明明也不是什麼了不起的事，但是她竟然在三年後的某次吵架時把這件事拿出來責備我。「你根本不懂那個角色的心情！你從頭到尾都只是一個不懂別人心情的人！」她說。

澀井　而且不知不覺中她還認定自己對那個小說的理解才是對的。話說那次是爲什麼吵架呢？

河村　因爲她妹妹有一個小孩，就問她要不要也生一個，然後她就覺得很受傷的樣子。但是因爲她當時非常堅決不想要小孩，所以我小心翼翼地說：「不要放在心上啦。」結果她竟然把矛頭轉向我說：「我明明就比我妹還認眞在過生活，現在卻被她瞧不起。老婆受到別人的侮辱，你怎麼還可以說得那麼輕鬆！」

「你根本就沒有身爲一個人最重要的東西！一點都不替別人著想！又遲鈍又白目。你根本只愛你自己！」我的人格就這樣被否定了一整個晚上。

澀井 對我來說，沒有比河村更替人著想的人了！就連對我這種只能靠畫二流刊物維生的漫畫家都很親切。

河村 謝謝你這麼說（笑）。結果隔天都中午了她都還不肯起床。那天是星期六，我傍晚原訂要去參加工作上一位恩師舉辦的活動，但是當下卻完全不是可以出門的氣氛。我只好臨時跟對方撒謊說「忽然發高燒所以沒辦法出席了」。之後我還特別因爲這件事愼重地跟對方道歉。

結果那一整天她不吃不喝地縮在床上，臉蒼白的跟鬼一樣。我還是有點擔心，所以想說關心她一下，卻被威脅說：「我眞是婚姻失敗啊我。我的人生就這樣結束了。你要給我負責任喔。」

澀井　面對情緒這樣變來變去的人，諮商師說不能用「ＷＨＹ」的方式來思考。也就是說，如果只要發動攻擊就可以操控對方的話，每件事都可以是生氣的原因。說到底，連本人都不知道原因到底是什麼，因爲他的心裡早就已經亂七八糟了，所以旁人更不用想要去釐清前因後果。

河村　眞的。我們兩個都是屬於「因爲這個原因所以導致這種結果，那只要對症下藥應該就可以解決事情了吧」這種邏輯的想法，但是其實這個想法完全是錯的，根本不能用因果關係去思考。

澀井　只要覺得世界上還存在著解決的方法，就會走進「這段關係有重頭來過的機會」的誤區，這正是仍處於被對方控制中的證據。一旦陷下去，就永遠無法逃離，一輩子都會被耍得團團轉。越是用邏輯思考的人，越無法擺脫對方沒有邏輯的行爲。如果有正因伴侶的暴力所苦的人看到這裡，希望他們可以理解這件事情。

河村　眞的。我很想要大聲宣導這個觀點。希望不要再有類似的受害者出現了。

澀井　另外，諮商師也有提到，如果對方那些沒有邏輯的行爲是來自他們原始想法的扭曲，那就不能算是「生病」，是無法透過治療而矯正的。憂鬱可以藉由抗憂鬱的藥治療，但是如果想要矯正「思考上的習性」，可能要花好幾年。而你可能根本就撐不過那幾年，甚至最後弄到兩個人一起生病。諮商師說，還有治療的醫生受到波及案例，所以這完全不是一般人靠自己就可以解決的問題。

恐怖妻子的特點③　總之就是「對方的錯」

——這樣聽下來，幾乎都是錯不在兩位，卻無緣無故被罵的例子。

澀井　住在一起後才發現，我太太基本上都會以「我是受害者，你是壞人」這樣的立場來跟我溝通。

河村　我們家也是這樣。讓自己感到不舒服的原因全部來自對方，也就是我。這種困在自己小世界裡的思考模式，也可以說是自己內心的旁白，早就已經深深植入她的腦子裡了。

澀井　女生不是有時候出門要花比較多時間準備嗎？因爲這樣而無法在預定的時間出發，也都會算在我頭上喔。「爲什麼鬧鐘不調早一點啦！」「爲什麼不早一點吃早餐！」「不是說了要注意時間嗎！」『保險起見就應該要坐早一班的電車啊！』之類的。她沒有共同承擔責任這種概念。就算是自己的失誤，也都是住在一起的我的錯。

河村　不管什麼錯，總之推給別人就對了。而且只要提出反對意見，她就會立刻板起一張臉，然後就不用出門了。

記得有次夏天，我們計劃了海水浴場一日遊。當天訂了早上五點的鬧鐘，結果她起不來，在床上翻了半個小時左右。但是因爲已經買了對號座的電車車票，所以不能遲到啊。我好聲好氣地提醒她：「還有三十分鐘我們就要出門囉！」結果她竟然大抓狂耶！「爲什麼不叫我起來！」「爲什麼昨天晚上要弄到那麼晚！早一點睡不就好了！」

然後她就這樣飆罵到早上八點，我也只能在一旁默默地認錯。最後弄的兩個人都累得半死，出遊的好心情早就消失殆盡，所以也放棄了海水浴場的行程。對號座的電車車票就這樣飛了。而且我有預約當地的租車，所以還付了好幾千塊的取消費。

——預定忽然取消的話，當天要怎麼辦呢？

河村　到了中午左右她終於冷靜下來，說想吃點好吃的。所以我們就叫了外送，在床上一起吃有點高級的烤牛肉三明治，然後就和好了。

那一整天我就一直在床上陪她，到了晚上她說想要做愛。做完後，她說了類似「今天雖然我們互相傷害了對方，但是最後有和好真是太好了」之類的話。我當時只覺得鬆了一口氣，想說有完美收尾就好。但是現在想想，什麼「互相傷害」……我到底哪裡傷害了她啊？我到現在還是一點頭緒都沒有。

澀井　我在離婚後有找過資料，這好像叫作「投射性認同」吧。有這種傾向的人會把自己強行投射到依附的目標身上，久而久之，自己和目標的界線就會越來越不明確。最後，就會把自己的弱點看作對方的問題。因爲只要責備對方，自己就可以不受傷害地安全下莊。

河村　原來如此。所以在開始同居後，將責任轉嫁給對方的情況會比交往時更嚴重。她們會想要把自己累積的不愉快當作別人的錯。而住在同個屋簷下的人就是她們最直接的目標。

澀井　雖然對我們各種不耐煩但是絕對不會提出離婚，也是這個原因。雖然她們總是一臉嫌惡地對我們指指點點，但其實這正是讓她們感到最輕鬆的狀態。

——最後是兩位提出離婚的嗎？

澀井　對。雖然對方非常反對。

河村　我也是。雖然一度要採取法律行動，但最後還是順利達成協議了。

澀井　對了。就連我因爲她而感到身心俱疲，只是在沙發上躺一下，她都會不爽地說：「你現在是故意的嗎？是要強調我讓你累出病了嗎？」我連覺得身體不舒服都不行。

河村　我也是！我有次在公司時因爲身體太不舒服，所以早退回家。其實那天原本有和她約好，下班後要去她一直很想去的酒吧喝一杯的。但是我怎麼看都是去不了的狀態，所以離開公司前我就先ＬＩＮＥ給她，跟她道歉說今天實在是沒辦法赴約，結果回覆也只是冷淡地一句「了解」。總之我就先回家休息，結果她下班後一回家就砰一聲用力地打開臥室的門和電燈，沒頭沒腦地開始罵我。

澀井　罵你？

河村　「長那麼大了還不知道怎麼照顧自己嗎？你知道我有多期待今天嗎？你眞得很過分耶，我的好心情都被你破壞光了。你要怎麼賠償我啊你！」連一丁點想要關心我的意思都沒有。所以雖然我身體超級不舒服，但還是在床上跟她下跪了。她一臉不爽地回到客廳後，我還到廁所吐了好幾次。結果晚上睡覺的時候，鑽進被窩的她竟然一臉嫌棄地對我說：「你這樣嘔～嘔～的吐，是在暗示是我讓你病情加重的嗎？」

——「是我害你病情加重的嗎？」兩位都有被前妻用幾乎一樣的方式逼問過呢。

澀井　因爲對方一旦身體不適，就沒辦法把自己不悅的情緒發洩在對方身上，所以更不爽吧。對虛弱的人施加壓力，就像在欺負弱者一樣，但是她們並不想變成加害者。她們希望自己是永遠的受害者，應該就是一種「你不要來搶我角色喔」的感覺。

——為什麼她們的思考方式會變得那麼扭曲呢？

河村 就像之前說的，去問「WHY」並沒有意義。我朋友也有問我是不是原生家庭的問題，但是她的雙親都是很一般的人，硬要說的話，都稱得上是好溝通的善良長輩。就我的觀察，親子關係良好，也沒有虐待或家暴的跡象。有些人會說「雙薪家庭」、「單親家庭」、「獨生子女」等等的家庭構成容易造成心理上的不健全。但是從我的經驗來看，這些說法倒是完全無法參考。

澀井 在單親家庭中健全地成長、身爲獨生子女卻懂得爲別人著想的人多的是，這種說法對他們太失禮了。所以沒有辦法一開始就以雙親的狀況或家庭環境，來判斷一個人的心理是否健全。

河村 而且也很難從交友關係和工作狀況來判斷呢。

澀井　對啊，畢竟不是肉眼可見的社交障礙。她們是絕對不會輕易露出馬腳的，甚至可能更懂得如何在社會上走跳呢。我在認識前妻之前，甚至還有「心理不健康或情緒不穩定的人都沉溺於酒精和賭博」的刻板印象。結果根本不是這樣。相反地她還是一個非常正經的人。

河村　沒錯。我前妻就是在職場上備受重用，而且本身也很有能力。離婚後，我也有被工作上共通的朋友問過：「爲什麼會跟這麼値得信賴的人分開呢？」但是除非是很親近的人，要不然我也不方便講太多離婚的原因，所以對這一點其實蠻困擾的。「一定是因爲身爲丈夫的男方太沒用了，所以女生的耐心也被消磨殆盡了吧。」我想，那個人應該現在還是這麼覺得。

澀井　這的確是很常碰到的困擾！我眞的沒辦法隨便跟別人訴說前妻非比尋常的性格。也是因爲這樣，我和河村才會這麼聊得來，好像有種組成了「想哭但是哭不出來的被害者小隊」般的革命情感。

恐怖妻子的特點④　過度糾結在自己訂下的「規則」裡

——兩位的前妻在家庭裡顯得情緒非常不穩定，沒想到會有「外界口碑很好」、「非常正經」這樣的評價。

澀井　如果要說一個有關聯的部分，那就是我太太可以說是個超級健康主義者。她對食材非常要求，像是要使用有機蔬菜、下廚時也很在乎營養是否均衡。對美容保養更是一點都不手軟。睡覺和起床的時間十分規律，太早太晚都不行。還很積極地在塑身、練瑜伽、皮拉提斯等等，非常自律。

——這樣聽下來，感覺跟情緒不穩定又互相矛盾了。

澀井　我覺得她大概是被「我是一個生活健康又規律的人」這樣的強迫設定困住了吧。還是要說她是完美主義呢？每天早上沒有在該吃早餐的時間吃早餐，就會渾身不對勁的那種。所以無法遵守規則時接收到的壓力又更大。

河村　我們家那位則像是被束縛在「我必須不斷提升自己能力、不斷鑽研自身技能」的詛咒裡。例如，爲了學英文，所以目標每天都要看個幾頁的純文學原文書；爲了將來要升職，買了好幾本超厚的程式設計的書，嚷嚷著一天要搞懂一章。但是，最後幾乎都是半途而廢。

接著又因爲「做不到」的壓力衍伸出了自我厭惡，然後再發洩在我身上。因爲我不想被遷怒，所以只要發現她又再計劃她做不到的事，我就會委婉地說：「不要太勉強啊～一步一步慢慢來比較好喔！」但是又會被說：「我這麼努力，爲什麼不幫我加油呢？」總之最後還是被罵。

澀井　另外，還有潔癖的部分。

河村　我們家也是。

澀井　去百貨公司的時候，如果上樓時我扶了樓梯的手把，她就會超級生氣。「這不知道有多少人摸過了你爲什麼還要摸？傻眼耶！」但是自己卻若無其事地提著超市的購物籃，在電車上也是一派輕鬆地拉著吊環。就是在這種地方很矛盾。非常雙標。

河村　有次我們準備要吃甜點，我才剛把湯匙放到暖桌的桌面上，她就默默地把湯匙拿到水槽重洗了一遍。跟她說我剛剛擦過桌子了，她就回我：「桌上有放報紙吧。哪個派報員摸過這個報紙都不知道，不重擦一遍不行，很髒耶。」但是啊，其實我看過很多次她在看完報紙後，直接用那雙手擺碗筷。總之就是對待事情的態度很不一致。但是因爲我以前爲了類似的事指責她後，讓她非常不開心，所以我也就沒有再回嘴了。

澀井　只要自己決定的專屬「規則」被破壞，就會表現出超越一般人的不悅。所以和她們一起生活的我們，如果不遵守她們專屬的「規則」，就會造成憤怒如河水般湧出——「爲什麼要打亂我的規則！」

河村　其實只要是人，或多或少都會爲自己訂下一些「規則」，但是她們是把「自己的規則」強加在一起生活的人身上，這樣會讓人心很累。

澀井　當然，要和原本是外人的人生活在同一個空間裡，勢必會有其中一方需要遵守另一方規定的時候。就寢的時間、吃飯的時間，或是打掃的時間等等。但是通常這時候會說一聲「要你還就我的規矩眞是不好意思」，或「謝謝你的配合」之類的吧。但是她從來沒有。對她來說，我百分百地服從她的「規則」是理所當然的。

河村　我在跟她住在一起的五年內，從來沒有晚上坐在客廳隨意地看過電視。

——嗯？

河村　因爲根據她的規定，「電視是用來放DVD看電影，或是看她事先就判斷好『値得看』而錄好的節目的。」所以如果我有非看不可的節目，就要自己用有裝調諧器的筆電錄起來，再趁她不在的時候趕快看。要掌握我回家後、她回家前大概一小時的空檔。我也有騙過她「半夜有不得不做的工作」，然後戴著耳機一次看完大量的錄影存檔，還看到早上。那段時光眞是無與倫比的幸福啊……

——沒辦法直接說你有想看的節目嗎？

河村　剛開始同居的時候，我曾經鼓起勇氣在她坐在客廳的時候打開電視。結果她那明顯不悅的視線不停地朝我射過來。我想說來緩和一下氣氛好了，就對節目內容做了一些「什麼啊～好好笑喔」之類的反應。結果她只是板著臉盯著手機看，臉上彷彿寫著「希望這毫無意義的時間可以趕快結束」。因爲怎麼看都不是能夠放鬆看電視的氣氛，我就再也沒有在她面前開過電視了。所以在跟她結婚的那五年間，不管是當時流行的連續劇、爆紅的搞笑藝人，還是J-POP或廣告內容，我全部都沒有跟到。

——難道沒有覺得這很不正常嗎？

河村　因爲這是我第一次跟家人以外的人一起生活，而且結婚前也常常聽已婚者說，「只要住在一起，多多少少在生活習慣上都會起衝突」，所以我當時也只是單純地覺得「大概就是這麼一回事吧」。結婚果然不容易呢。原來這個地球上的夫妻們都在克服這些事呢，眞是厲害，那我也要努力才行！的感覺。

澀井　出現了！「我也要努力才行。」夫妻生活會不順利，一定都是因爲我不夠努力。就是會忍不住這麼想對吧。

如同交通意外

河村 每次跟朋友聊到這個，大家都會覺得我婚前沒看出太太的本性這件事很不可思議。但是我還眞的看不出來。因爲又不是明顯的詭異行爲、換工作的頻率異常地高，或是完全沒有朋友這種很容易察覺的跡象。

澀井 只要有人控訴被精神虐待或家暴，就一定會有人說：「你一定也有不對的地方吧」或「你之前都沒發現也是蠻遲鈍的」。因爲，如果不懷疑被害者也「有錯」，那就好像自己總有一天也有可能遇害一樣。這是一種想要迴避恐懼的情緒，心理學上好像是叫「認知偏差」吧。即使不合理也硬要找出因果關係，要不然就無法妥協，也不能釋懷。

河村 大概就像古時候，只要村莊有劫難降臨或乾旱之類的自然災害，大家就會怪罪給最近新搬來的居民，或是不守村裡規矩的人一樣。如果不找出「原因」，那這個世界就會眞的會變成地獄，太無情了。所以哪怕無憑無據，人類就是會拚命找出一個能說服自己的理由。

澀井 就像有一台車忽然衝進排著隊的幼稚園小朋友裡，卻會有人責備沒有確實維護好安全的幼稚園老師一樣。說到車子就讓我想到，有本在講述精神暴力的書裡寫道，和會精神暴力的另一半結婚，就像碰到「交通意外」一樣。就算再怎麼小心走路，還是會有車撞上人行道。那是路人無法避免的，被撞的那一方當然不需要負責。

河村 被欺負是因爲「做了會被欺負的行爲」，被強暴是因爲「穿了太暴露的服裝」，總是在檢討被害者。要求被另一半精神虐待的人對自己負責也太不合理了。

澀井 再說，跟被家暴或精神虐待的女性比起來，當被害者是男性時會相對地比較不明顯。但是其實強暴等級的辱罵和暴行也是很常見的。不過如果不是因爲我受過前妻這樣的對待，要不然也不會相信世界上竟然有這樣的人存在就是了。我也想要大聲呼籲男版的「#MeToo」啊。

河村 離婚後，聽到我遭受精神虐待的女性朋友嚇了一跳。「竟然眞的有這種人！

我身邊倒是完全沒有這樣的人，也沒有聽過有類似的受害者。」她說。她本身已婚，也有很多已婚和同是夫妻的朋友。但是不會遇到像我前妻那樣的人，似乎就眞的不會遇到。妻子被家暴的例子不少，但是對她來說，好像根本沒想過竟然會有丈夫被欺負的家庭。

恐怖妻子的特點⑤ 極端的保密主義

澀井 和前妻住在一起後讓我感覺到很不自然的地方，其中一個就是她的保密主義，她非常討厭第三者知道只屬於我們夫妻倆共同的經驗。

河村 我們家那位也是。

澀井 我只是跟我爸媽分享我們一起去了迪士尼，她就不開心地說：「不要隨便把我們兩個的事跟別人說！」但是不只是外出活動，就連日常的生活習慣、家裡的格局、晚餐的菜色這種程度的事情都被禁止跟朋友分享。有時候只是想要回答朋友問的「最近還好嗎？」這種單純的近況分享都不行。

河村 所以我都被我朋友說：「那傢伙完全不跟我們聊家庭生活呢。」

澀井 但是還是會有不得不提到的場合啊。像是我們夫妻一起出席共同友人的聚餐，被問到「太太在家會下廚嗎？」的時候，我想說幫她做個面子，所以回答「她之前才煮了超好吃的咖哩」、「也會做特調的醬料」，結果她就一臉不爽、沉默地站在一旁。因爲我發現有點不對勁，所以原本想去的續攤也沒去，就直接跟她回家。

一踏進回程的電車，我太太就用非常恐怖的表情瞪著我。我問她：「怎麼了？剛剛有什麼事讓你不開心嗎？」她回我：「咖哩就只是把材料放進鍋裡煮而已，你這樣說會讓人家覺得我很不會做飯好嗎？」「什麼還會做特調醬料，好像我很自視甚高一樣，這樣會給別人留下不好的印象啦。」我有跟她說不要想太多，但是她根本聽不進去啊。

河村 我家那位則是極度厭惡我帶人回家。不是那種我在外面喝到掛，然後和酒友一起醉倒進家門的那種情境喔！是有時候會想和有小小孩的夫妻朋友好好聊個天，所以邀請他們一家來作客；或是想邀請住在關東近郊的高中生親戚，趁著到東京觀光時順便來家裡坐坐的那種。就算只是這樣，她都會直接把厭惡之情表現在臉上。總之就是「我不想要讓外人進入我們的空間」這種理由。

我是沒有想要那麼計較的意思，但說實在的，六成左右的租金和生活費是我在付，我應該也有作主的權利吧。所以我有次試圖追問下去，結果她直接暴怒說：「那我那一天就會直接待在外面，等人都走了再傳簡訊給我！」

澀井　更不用說要讓別人住一晚了呢。

——你們覺得兩位的前妻為什麼會對這件事如此排斥呢？

澀井　我覺得是因爲她過度在意別人對自己的外在評價。因爲外人看到的自己，是一個無可挑剔、懂得應對進退的存在，所以不想讓過度依賴丈夫的婚姻生活，也就是自己的「內在」，被「外人」發現。畢竟不管再怎麼瑣碎的日常片段，都有可能變成別人拿來說閒話的素材吧。

河村　我覺得我家那位應該是擔心眞實的自己被暴露在「外」的話，可能會被別人打分數吧。如果別人來家裡，那家裡掃得乾不乾淨、室內擺設的品味好不好，都像被攤在陽光下一樣赤裸。特別是如果還要下廚請客的話，那更無法避免要被評價了，所以還不如全部都藏起來比較安全。

我知道很多女性都討厭被外人指指點點自己家裡的清潔、裝潢、料理，但是我前妻討厭的程度實在有點不尋常。

有次我爸媽從老家上來東京，想在我們家一起吃個午餐。畢竟是父母親也不好拒絕，但是你們知道她說什麼嗎？「那只好趕快請清潔公司來打掃，我也要去上烹飪課才行。」

結果還眞的花了好幾萬請清潔公司喔。但是再爲了這個去上烹飪課，我還是覺得有點太超過，所以建議當天直接點外賣，然後就獲得了「你想讓我變成一個連飯都不會煮的媳婦嗎！你懂什麼啊你！」這樣的回應。因爲在這樣下去好像也無法解套，我只好請我爸媽改成在不吃午餐、單純喝下午茶就好的時間過來。

澀井　我是完全沒有請父母來家裡過。

河村 自己的父母親也沒有到過你們家嗎？一次都沒有？

澀井 對。我太太說什麼都不願意。所以我只好打電話給我媽，委婉地說：「不好意思，我太太最近太忙，好像沒有什麼餘力招呼客人。」結果我媽大概察覺到了什麼吧，也就沒有繼續追問了。但是結婚過後幾個月，我媽寄了封信來，上面寫著：「之前去東京辦事的時候，有在你們家大樓外面觀賞了一下。房子很漂亮呢！這樣我就安心了。」

河村 你母親沒跟你說就去了嗎？

澀井 對。讀完信後我真的覺得太丟臉了，也很自責。我覺得我媽根本不是爲了辦事才來的。年邁的父母千里迢迢上來東京，還只能在自己家門前轉一圈，怎麼會有這麼不孝的兒子。我媽一定是認爲，如果打電話跟我說「我現在在東京喔」，那我應該會因爲太太的反對而兩難，所以乾脆就偷偷過來。

而且竟然還說「那我就安心了」……我媽到底是帶著什麼樣的心情看著眼前那棟進不去的兒子家呢。就算到現在，只要想起這件事我都還是會不甘心到想哭。

結果，我也沒跟我太太說那封信的事情。因爲我太害怕說了，她就會回過頭來追究：「所以是我的錯嗎？」也許是藉口吧，但是我當時因爲工作不太順，所以心裡也很累，已經沒有多餘的精力可以對抗了。但是其實就算會起衝突，我也應該要跟她說的。我到現在都還是覺得說不出口的自己很沒用。

恐怖妻子的特點⑥ 決定不了

河村 這一點是在交往的時候就發現的，我前妻可說是毫無決策能力。光是午餐時在店裡要點什麼，就可以猶豫個十到十五分鐘。只不過是要選A套餐、B套餐或C套餐，還有飲料和點心而已喔。旁邊客人的餐點都陸陸續續上桌了，只有我們這桌還在看她一臉猶豫不決。雖然我早就選好了，但是催她又會被罵，只好默默地在旁邊喝水。而且還不能看手機喔，因爲會被她認爲是在找碴，又要生氣了。但是即使如此，她還是會對我很不耐煩。

——即使你什麼都沒說？

河村　她會說：「你很恨這麼猶豫不決的我對吧！」反正只要我主動出擊就會被罵，但是如果什麼都不做，那她就會搶先一步假設我有惡意，然後再擅自用她的假設來責備我。

澀井　我們家是每次週末出門，只要到了決定晚上要去哪裡吃飯的時候，就會像烏雲罩頂般陷入黑暗之中。首先，她從來不主動提議。但是不管我提幾家店，她多半都是不發一語加上一臉不滿。所以我就必須不斷地丟出店名，有時候也乾脆直接找Tabelog※，但是不管哪家她都不夠滿意。然後漸漸地開始不耐煩，「欸！到底什麼才能決定啊？」然後生氣。完全沒有要跟我一起想的意思。總之都是我的錯就對了。

河村　但是如果跟她說：「那看妳想去哪都可以喔」的話……

※譯注：食べログ，日本最大的餐廳評論網站。

澀井　她就會大發雷霆地說：「爲什麼都要我想呢！」就是剛剛提到的「投射性認同」吧。自己會不開心都是對方的問題。

河村　我也有因爲規劃旅行而筋疲力盡過。一開始說好兩個人要一起規劃，但她完全不主動提出意見。所以我自己提案了好幾個旅行地點、住宿、到當地後要去的景點，還定好了預算，然後在被她挑剔了幾十個地方後才終於定案。

在旅途中基本上也是各種嫌棄。只要她覺得住的地方或景點不滿意的時候，就會用寫著「不怎麼樣嘛」的臉不爽地抱怨。弄得好像都是我的錯一樣。雖然提議的是我，但也都是她同意的。話說她根本就沒有貢獻任何一點想法，但是不滿卻有一堆。

還有一次，她直接在回程的飛機上說：「眞是浪費錢。」、「早知道就去〇〇（其他的選項）還比較好對吧～」就算是我聽了心裡也會不太舒服，所以就沒特別回話，結果她立刻就說：「你是在不開心嗎？這樣很煩耶，可以不要這樣嗎？」

澀井　早知道就怎樣怎樣「對吧～」。這個尋求認同的「對吧～」實在是一絕啊。

河村　沒錯。不只是她自己，也想讓我一起變成認同這趟旅行毫無意義的共犯。想要我遷就她就對了。但是只要我反問「會嗎？」，她就會保持沉默表示生氣。只要我不道歉，她就一個字都不會說。還曾經有總共四天的旅行，後面兩天卻好像到了地獄一樣的經驗。

其實，她就只是不想背負做決定會帶來的責任而已。如果是自己選的餐廳或旅行地點不甚理想的話，那就會變成她的責任。這樣反而讓對方抓到責備自己的把柄，然後就會在精神層面上失去比對方高一階的優勢，所以哪怕是一點點微小的「失誤」都不可以發生在自己身上。

澀井　她們和伴侶建立關係的方式基本上就是靠「掌控」吧。這是施行精神虐待的人很典型的特徵。但是因爲不想承認，也不想被發現自己正在控制對方，所以會表現出「我就是這麼可憐」的態度，站在被害者的立場展開攻擊。

河村　我覺得我們的前妻在人格的最深處，都埋藏著「超乎尋常的悲觀傾向」。她們會覺得，「如果做了不怎樣的選擇，那做這些選擇的時間就被浪費掉了。然後一切就會變得很悲慘。我絕對不能變成這樣。我絕對不能抽到沒中的籤。」這種挾帶著偏執的恐懼心態，也導致她們迴避責任的技巧異常地卓越。

澀井　反正只要攻擊身邊的對象，就可以證明自己是沒有錯的。

河村　說到這，就想到有名的「半杯水」的故事。樂觀的人會覺得「還有半杯」，但是悲觀的人會覺得「只剩半杯」。如果是我前妻的話，就算還有八分滿的水，她應該都還是會因為「水沒有倒到杯緣」而感到絕望。這也跟澀井之前說的「完美主義」性格相關吧。

被剝奪的「思考空間」

——兩位都對前妻做了不少分析，但是卻仍然持續了好幾年痛苦的婚姻生活。河村先生五年、澀井先生三年半。為什麼沒有更早提出離婚呢？

河村　因爲我一直自以爲婚姻生活「就應該是這樣」。就像我前面提到的，結婚不用說，就連跟家人以外的人同居都是我的第一次。

另外就是自尊心。「把家裡的事拿到外面說嘴很丟臉啊」、「身為男人就應該要默默地把這些事都給他解決掉」、「讓妳看看什麼叫做男人的度量」之類的。我大概就是這種老派的人吧。我父母屬於完全體現昭和價值觀的團塊世代※，父親就是家裡的支柱，所有的苦都是往心裡吞。所以在我還很小的時候，這種觀念就已經深深烙印在我的認知裡了。

澀井　我年紀比河村小一點，多多少少還是會跟朋友或同事抱怨一下，但也是有種「這就是夫妻間必備的衝突」的迷思。而且因為被禁止在外面談論家庭生活，自然也不會和其他夫妻比較，所以對婚姻生活產生的不適感也一直都是自己吸收，然後再安慰自己這也是很正常的。

※**譯注：二戰結束後出生的嬰兒潮世代。這一代人在進入社會時正逢日本經濟高速成長的鼎盛期，為了改善生活，他們緊密地聚在一起辛苦勞動，對就業和消費，乃至國家政策都產生了巨大的影響。**

而且，和前妻的相處其實是在「心情還不錯的時候」和「心情不好的時候」之間來來去去，其中也有很和平的日子，並不是一直處於被控制的狀態。讓我覺得不可思議的是，在持續了一段痛苦的時間後，就連一些很瑣碎的夫妻日常都可以讓我感到無比的幸福。而爲了維持那個幸福，我只能繼續在妻子的掌控下繞圈圈。

河村　果然我們都是「努力派」的人。覺得這世界上所有的事情，無論如何只要努力就辦得到。因爲我們帶著這樣的人生觀成長，也因爲這樣的人生觀讓我們順利地活到現在。所以覺得這些結婚會遇到的苦難一定也是可以被克服的，才會把自己逼到極限，最後到需要去看身心科的地步。

澀井　我到很後面才有離婚這個想法，是因爲我連讓自己冷靜下來思考的時間都被前妻剝奪了。爲了做到這件事，她嚴格地控管我，讓我在空閒的時候也必須要跟她在一起。

——就好像在黑心企業上班的人，明明因為超時工作而累垮，卻也不太會走上「辭職」這條路的感覺？

澀井　就是這樣。我每天幾點回家都要事先報備，如果工作上有不得不參加的聚餐，她就會表現出非常直接地厭惡。然後再在聚餐的時候，不斷用ＬＩＮＥ傳訊息問我幾點回家？還有多久才會結束？

有一次，我跟她說八點半會回去，但是忽然又有急件需要處理，所以在沒有再次聯絡的狀態下九點左右才回到家。結果超慘。打開家門後只看到我前妻怒氣沖天。「你真的太過分了！你說你要怎麼補償我的痛苦！你這個老公爛斃了！」她就這樣飆罵到半夜。

週末更不用說，原則上就是要兩個人同進同出。如果沒有特別的事情，我是不被允許單獨外出的。這點沒有討論的空間。

河村　跟洗腦一樣，利用過激的束縛來剝奪對方的判斷力。我也是，在同居的五年間裡，週末自己單獨出去跟朋友見面的次數，除了參加婚喪喜慶之外不超過五次。基本上，週末是沒有辦法想出門就出門的。如果是有小孩要照顧那就算了，但是我們家也沒有小孩。就算是這樣，想要自己去看個電影、逛一下書店或是和朋友喝一杯，也都是天方夜譚。我當時眞的很羨慕可以分開行動的夫妻。我覺得我們家應該一輩子都辦不到吧。

雖然覺得很不自由，但是又常常聽到別人說「只要提到週末要和朋友去喝一杯，我老婆就臭臉」，或是「因爲家裡的太太讓人喘不過氣，所以老公就撒謊說有工作，結果只是在外面殺時間」之類的情形，所以也自然而然地覺得夫妻就是這麼一回事。我們只是一對普通的夫妻，並沒有什麼特別不幸的遭遇……我應該就是這樣催眠我自己了吧。

澀井　這也是一種認知偏差呢。讓人產生「就是這麼一回事」的扭曲判斷。反正每對夫妻都是克服這些困難過來的！世界上的男人都像我一樣努力著的！會讓人想要這樣催眠自己。

河村　因爲在承認自己跟別人不一樣的瞬間，就必須背負起「我這一生注定不幸」的悲壯命運。所以會讓人想要逃離那個令人絕望的結論吧。

在我覺得自己已經瀕臨極限的時候，寫了一封很長的信給我爸媽。信裡描述了我們夫妻的生活狀況、我有多痛苦，也跟他們說了不管我怎麼努力，事情卻都沒有好轉。結果我爸立刻就回信了。「這很明顯就不正常，立刻給我離婚！」信裡寫道。我爸在我結婚的時候可是說了「就算遇到痛苦的事也不可以輕言放棄。要通過各種試煉，才能加深夫妻間的牽絆」，就連說出這種話的人都叫我立刻離婚。

如果我沒有糾結在身爲一個男人的自尊上，而是早一點跟我爸商量該有多好。就是因爲那些無聊的執念，才讓我在地獄裡生活了五年之久

不要糾結在「正確的選擇」

澀井　談到爲什麼沒有早一點離婚。仔細想想，可能是因爲我很有自信，在結婚之前，我人生中的「每一個選擇都是正確的」。從決定來東京念書開始，到要念哪間大學、哪個科系、進哪一間公司，一直都是正確的選擇。所以我希望結婚這件事，也能是「正確的選擇」。

我喜歡的作家朝井遼的小說《武道館》裡，有一句話是這麼寫的：「這個世界上沒有什麼『正確的選擇』，或許只有『曾經正確的選擇』吧。」當我陷在痛苦的婚姻生活時讀到這句話，意外地讓我獲得了一些奇怪的希望。「原來是這樣。也許這個婚姻曾經是一個失敗的選擇，但是我可以用我的力量讓它變成正確的選擇啊。」

河村 結果卻事與願違。

澀井 但是這並不是朝井遼作家的問題喔（笑）。是我不應該把結婚套入這個公式裡的。結婚和人生中其它選擇不同的是，結婚是唯一有「另一個人」存在的事。因為無論是搬到東京、念書求學還是工作，都沒有那另一個人，只要自己好好努力就可以。但是婚姻卻不一樣。我就是搞錯這一點了。如果要說這個世界上有什麼事情是不管怎麼努力都不一定有用的，那就是婚姻了。

河村 這真是一句至理名言啊。

澀井 而且就算想結束婚姻，也就是離婚，也並不是自己一個人下定決心就可以辦到的事對吧。

河村 的確。讓我了解到「如果要說這個世界上有什麼事情是不管怎麼努力都不一定有用的」，真的也就是離婚了。

——這是兩位在經歷了痛苦的婚姻生活後獲得的結論嗎？

河村 大概吧。但是我現在還有一件無法下結論的事情。就是對於在結婚後成爲伴侶的人，我到底應該負責她的人生到什麼地步呢？不管是身體的病痛還是天生的性格，如果對方因爲「活不下去」而感到痛苦的話，難道我不是應該在一旁扶持她、陪伴她走過這一生嗎？只要曾經愛過，就算她對我口出惡言，我不是也應該忍耐再忍耐，貫徹我對她的愛嗎？雖然這些全部都是出自「應該」的觀點啦。

但是人生還是要過

澀井 我可以發表我的意見嗎？我覺得，沒有必要爲了對方犧牲掉自己的人生。具體來說，就是根本不需要承擔忍受對方幾年，甚至幾十年的惡言惡行，來陪她接受治療的責任。雖然結婚時交換了誓詞，但是我並沒有答應過要包辦對方的整個人生。

我覺得只要沒有信心能維持現在的關係一輩子，就應該要盡快做出分開的決定。應該是說，這反而是對另一半的誠意吧……抱著得過且過的心情硬撐下去，才是最不理想的狀態。

河村　只是，在這個世界上還是存在陪著「生病」的伴侶一輩子的人。不只是心理上的病，也有人是抱著非常堅定的決心，用一生的時間在陪伴患了無法根治的嚴重疾病，或生有殘疾的伴侶。也有在父母親身邊做了幾十年長照的人。這眞的是非常偉大的行爲，一定是發自內心的愛吧。如果與某種神聖的標準做對照，那大概是屬於絕對「正確」的事情。

澀井　正確嗎？正確……吧。我好像沒辦法百分百地同意。因爲一旦連陪伴的那一方都身心俱疲的話，那就兩敗俱傷了。

河村　因爲我沒有做出那樣的選擇，所以沒辦法說出什麼自以爲是的話。但是說到長照，有因爲責任感過重，結果被照顧父母的疲勞壓垮而得了憂鬱症的人。另一方面，也有因爲將父母送到長照機構就被批評是「拋棄父母」的人。我在回想自己離婚的情形時，總是會忍不住把離婚替換成「長照」或「殘疾」來思考。

所以我大概一輩子都無法擺脫「甩開飽受『病痛』所苦的妻子的手」衍生出的罪惡感了。雖然我並沒有想要同情我太太，但是……不好意思，我實在沒辦法好好解釋我的心情。

澀井 這個問題也沒有正解吧。「人啊，到底要負責伴侶的人生到什麼地步呢？」畢竟我在離婚的時候，也曾經因爲自己沒有辦法負責任到最後，而陷入了類似沮喪和自卑的情緒裡。

河村 「對因心理疾病所苦的女性伸出雙手，讓她有所期待，卻又在途中放手的大爛貨」，就算是會被這個社會這樣看待，那也是無可厚非。

——應該是不會有人說得這麼誇張吧？

河村 我真的被這麼說了喔。我前妻的母親就在信上這樣寫著，雖然是有委婉一點啦。但是因爲對方的雙親也很清楚自己的女兒「活得不開心」，所以對「半途撤退」我，應該也會記恨一輩子吧。

澀井 但是，我們也有我們自己的人生。往後的日子還是要過。在我猶豫該不該離婚的時候，有一位我很信任的人給了我建議，那句話在我心中產生很大的迴響。「就算是因爲你提出離婚導致你太太過於震驚而自殺，也絕對不會是澀井你的責任，知道嗎？」他說。聽到這句話，我就決定要踩煞車了。我才不管會被別人當成垃圾還是惡魔，我啊，想要用屬於自己的方式，好好地對待我的人生。

河村 所以又回到一開始所說的，我沒有想要正當化我離婚的原因。但是，我還是可以抬頭挺胸地說，我做了一個正確的決定。

澀井 雖然有點諷刺，但是離婚這件事也讓我體會到人生的重要性。我開始希望能把每一天過好，可以說是對生命的執著變得強烈了。現在我已經能充滿自信地說「我在過我自己的人生」。

河村 沒錯。我也是在離婚後，終於懂得去體會享受人生的眞正意義。雖然這麼說，但我是一點都不感謝造成我們離婚的前妻啦。

澀井 我不能再同意你更多了。

Case 11 —— 北条耕平

是誰比較奇怪？

一點小事就割腕

「那，要從哪裡開始說好呢？」才剛走進冷氣過強的咖啡廳，北条耕平（四十四歲）就開口了。像熊一樣的大塊頭，T-shirt搭配短褲。即使我們身處澀谷的正中央，北条也以好像剛洗完澡，要去家附近的超商買個東西的打扮出現。

其實北条在業界頗有名氣，是一位讓現在隨處可見的網站和網路服務步上軌道的幕後推手。他在二〇〇〇年左右開始寫作後，成為了網路媒體草創時期的先鋒，輾轉在各大ＩＴ企業中擔任媒體營運的工作，也有參與過眾人皆知的外資傳媒，可以說是平成網路史上活字典般的存在。雖然對知道他經歷的人來說已經是近乎「大神」的地位，但是在交談時卻完全不會讓對方感到緊繃。非常適合「瀟灑」這個形容詞。

「那就麻煩從比較方便起頭的部分開始吧。」我說。北条接著就提起了大約三年前分開的前妻Ｆ女。

「某次我和一位男性死黨在吃麥當勞，結果有個人趁我朋友起身要去廁所時跟我們搭話，就是坐在隔壁桌的F女。因爲我朋友跟我提到一個爲了他主導的遊戲開發案而設置的募資網站，而F女剛好就是在上面贊助了幾千日幣的其中一人。『剛剛不小心聽到你們的談話了，擅自插嘴眞是不好意思。』她說。以這件事爲契機，我開始邀她出來吃吃喝喝，然後就交往了。」

F女是一位自由撰稿人。據說她和北条認識時住在共享住宅裡，而且還被合租的室友欺負。但是，當時的北条就已經擁有一定高度的社經地位，住在中野一間月租二十六萬日幣、超過三十坪（！）的大廈式小套房裡了。所以理所當然地，兩人就在北条家裡展開了同居生活。

「F女是一個認眞心理有病的人。一件小小的事，不對，是所有的事都可以激怒她，然後再發洩在我身上。例如，我明明是想稱讚她『妳今天的耳環很特別耶』，但光是這麼說就可以惹她生氣。『你這是什麼意思？是在嫌棄我嗎？』然後因爲一件微不足道的事情就立刻要割腕，有時候還會猛烈地攻擊我。」

北条一邊說，一邊給我看他手腕上的傷痕。凹凹凸凸的。是F女用指甲把肉抓掉的痕跡。

「如果只是割腕或遷怒於我就算了，我最受不了的是她刻意發出的嘆氣聲。不是自然的嘆息，而是帶有明確含義的那種。『我的不幸都是你造成的』那種意思。」

我從輕描淡寫地說出「如果只是割腕的話那就算了」的北条身上，感覺到了一絲不尋常，但是還來不及深究，北条就繼續說道。

「雖然我很想分手，但是要把居無定所的她趕出去實在有點困難。所以我還想了一個計畫。剛好當時那個三十坪套房的兩年約快要到期，我想說如果之後搬到超小的房子，她也許就不會想要一起住了。所以就在池袋找了一個約一．五坪的房間，而且還是共用衛浴。」

爲了分手，從超過三十坪的房子換到一．五坪，也太過極端了吧。雖然我有很多疑問，但是北条卻讓我完全插不上話。

「沒想到才剛搬家，F女就發現她懷孕了。其實我大概也有一點頭續，因爲有一天我們做了兩次，但是手邊只剩一個保險套，應該就是第二次無套的時候『中了』吧。」

當時沒有確認安全期嗎？

「基本上我對每一任都是這樣啦。只要對方要求，我就一定會答應。就算當下沒有套子。」

對於這一件大到可以左右人生的意外，北条卻像在敍述別人家的事情一樣，十分淡然。

「既然都懷了那也沒辦法。我沒有考慮過要打掉，畢竟小孩是無罪的。未婚媽媽也很可憐，所以就決定結婚了。」

差點被丟在馬路上的兒子

不過有了小孩，就沒辦法繼續住在一・五坪的房間。於是兩人搬進了吉祥寺三房兩廳的大廈。事情就在這個時候發生了。

「某天工作時，電話螢幕上顯示了F女的來電，接起來後，另一頭卻傳來不認識的女性說：『你太太剛剛想要把小嬰兒丟在馬路上。』據她所說，就在F女準備要行動的時候，是她聯絡了社會福利局之類的單位，當下也已經有相關人員到場進行安撫。」

在那之後，F女接受了「緊急處置」，在隔離病房待了一陣子。她突發的行爲被判斷是因爲天生的情緒不穩定，再加上育兒焦慮而引起的。那個時候，F女的父親認爲她會有這樣的行爲都是北条的錯，但是因爲北条只想大事化小，所以當下也就聽話地認錯了。

「在院方和F女做了口頭調查後，發現她曾經有自殺未遂的經驗，我和她父母也都是當下才知道的。因爲判斷回吉祥寺住可能會有風險，所以F女在出院後搬回了她位於東京都昭島市的老家，後來我也把吉祥寺的房子退掉，在她老家附近的大廈另外租了一間房子，重新開始一家三口的生活。」

搬家後的Ｆ女持續接受身心科的治療和心理諮商，也有和當地政府機關的職員進行交流，但是狀態遲遲不見好轉。

「對我來說，跟她好好溝涌變成一件很困難的事情。有一次，我把買給小孩的生日蛋糕放到冰箱，結果隔天她竟然把蛋糕全部吃光了。雖然因爲精神不穩定導致她有點暴飲暴食，但是連給小孩的蛋糕都要吃也太……不過對她生氣也沒有意義。她的腦子裡大概有一些我們沒辦法理解的迴路吧。

Ｆ女在剛搬回昭島市時是有去上班的，但是後來因爲『無法和同事溝通』而辭掉工作，當起了專職的家庭主婦。結果因爲Ｆ女整天的吼叫加上小孩的哭聲，我們還被大廈居民檢舉過。

我實在太怕當時才兩歲的兒子會遭到波及，所以決定要離婚。但是Ｆ女，應該是說Ｆ女的父母不肯把小孩交給我。大概是因爲他們家只有四個女兒，所以想要爲家裡留下後代。雖然我不斷強調是爲了小孩的安全，但是她父母非常堅持，覺得自己住在附近可以監視他們，Ｆ女住在同一區的姐妹們也能就近幫忙照顧。」

但雖說是監視，也不可能二十四小時都盯著吧。北条的擔心和不安日漸擴大。

「不過，因爲我每天都要應付各種採訪和會議，小孩就算跟著我，我其實也沒時間照顧他。所以我提出要請我住在和歌山的父母幫忙帶，但是對方也不同意。」

然後在大約三年前，兩人離婚了，小孩還是跟著F女。

眞是個壯烈又荒唐的離婚故事。但是連眉頭也不皺一下、雲淡風輕地描述這一切的北条讓我非常在意。應該是說，覺得不可思議。爲什麼經歷了這種事情卻還可以如此處之泰然呢。在我鼓起勇氣說出我的困惑後，北条一臉調皮地笑著說。

「因爲，我之前還有跟更恐怖的對象交往過。」

有腳本的抓狂，離婚兩次的女作家

故事要追溯到和F女結婚的十一年前。北条當時和某女作家B女一起住在池袋的單身公寓裡。

「我高中時就讀過她的作品。當初認識的時候她已經有過兩段婚姻。她在和第一任丈夫分開後住進精神病房，然後和在醫院認識的人結了第二次婚。雖然他們有小孩，但最後還是離婚了，她當時帶著小孩和住在外縣市的父母一起生活。」

兩人因緣際會在網路上認識後，開始頻繁地利用skype互相聯絡。根據北条的說法，會和B女交往是「因爲我本來就是她的粉絲，而且她很美，美的就像個模特兒」。

當時手上沒有連載的B女對北条透露「希望能以小說家的身分再闖出一片天」。想爲喜歡的作家實現願望的北条，把她接到了東京池袋的家中，生活費和租金全部都由自己負擔。話說回來，B女是把小孩留在老家，自己一個人到東京的。

「她也是個精神狀況非常有問題的人。說抓狂就抓狂，說割腕就割腕。而且完全沒有徵兆。光是問她『是不是這星期就要把需要給編輯過目的原稿寫好呢？』就可以惹火她。如果我因爲聚餐而晚回家，開門就會看到她滿手是血地站在玄關。」

北条又讓我看了一次他的手腕。被F女抓爛的傷口旁邊，還有另一個痕跡。

「這個是B女用菜刀刺的。」北条說。這個注解也是一如往常地雲淡風輕。

「第一次看到她割腕的時候我真的是嚇傻，但後來慢慢也就習慣了。因爲她這個人是絕對不會讓自己死掉的。她完全是有技巧性、有計畫地在做這件事。

某次的事件讓我非常肯定我的想法。剛開始同居的時候，因爲她暴怒的狀況實在太誇張，我當下也控制不住怒氣地把電腦扔了出去，結果她竟然說：『如果連你都變得不正常，那我不就沒救了！』讓我發現，喔~原來如此啊！原來她在這方面還是很冷靜的嘛。

她也曾經把手腕的血抹在我臉上，目的就是要讓我不知所措。但是我裝作不知道臉上有血，藉故要去超商一趟時，她就慌張地把我攔下來。『等一下！你臉這樣走在外面會被警察關切啦。』她說。果然她壓根沒有想把事情鬧大。雖然是因爲心理疾病，但行爲都還是計劃過的。從那個時候開始我就有點無感了。」

不知道該說北条是個性太堅強，還是神經太大條。如果是其他人的話應該會感到很不安吧。

沒想到，和B女的生活才過了一年就畫下句點。

「分手是B女提的，她說她喜歡上別人了。對方是一位我也認識的作家。」

供吃供住了好一段時間的結果，卻換來了這樣無情的背叛，一般來說都會難以接受吧。但是北条卻默默吞了下去。

「如果討價還價就可以挽回的話，我也想這麼做。但是也沒有用啊。無論如何都改變不了的話就也沒什麼好說的了。是蠻無奈的啦。」

讓我想起北条說到F女懷孕的時候，也說了「都懷上了那也沒辦法」。接連碰到兩位恐怖情人，體驗了兩段痛苦的經歷，爲什麼還可以用「那也沒辦法」來收尾呢。難道都沒有一句怨言嗎？我提出這個疑問後，北条稍微思考了一下才開口。

「其實，F女是我第二任妻子。在B女之前，我曾經和A女有過一段婚姻。」

原來，北条也是「梅開二度」。而且和A女之間還有一個小孩。接下來的這句話，讓我十分在意。

「我對於伴侶的想像，似乎因爲和A女的婚姻失敗而被侷限了。」

「如果現在不結，那就一輩子都結不成了。」

把時間點拉回和B女同居之前。距離現在大約二十年前吧。

「我在二十五歲的時候認識了A女。當時還在出版社擔任編輯，是個所謂的遊戲宅、IT宅。也就是草創時期的『2chan』上面會出現的那種類型啦。但是因爲想擴展同溫層以外的人際關係，所以開始接觸一些夜店咖，然後就在那個圈子裡認識了美術大學畢業的A女。

A女是一個性格很鮮明的人……不過，是個醜女啦。其實我一點都不喜歡很有個性的人，她的外表也完全不是我的喜好，但是我們交往一年後就結婚了。」

明明不是需要急著結婚的年紀。而且對方也不是自己喜歡的類型，那爲什麼要結婚呢？

「對九〇年代的宅男來說，會下意識地覺得，像自己這樣的人根本不可能有什麼好的結婚對象。不知道該說是自我放棄，還是一種打從內心衍生出的自卑感。

總覺得無論是電玩、IT還是動漫，都沒有像現在這樣可以被世人接受的權利。面對夜店咖，要抬頭挺胸地說出『我的興趣是打電動』這句話也沒有不行，但是那個氛圍就是讓人說不出口。」

身為和北条同世代的我倒是很能體會。現在的年輕人就算是在自我介紹的時候說自己的興趣是電玩或動漫，也不會隨便被冠上「噁宅男」的稱號，但是如果發生在二〇〇〇年前後的話，空氣是會立刻變得安靜的。

「即使如此，A女還是說她喜歡我。當下我深深地覺得，如果現在不結婚，那我可能一輩子都結不了婚。所以就下定決心了，沒有一絲猶豫。」

很快地，兩人生了一個女兒。新房位於蛋黃區的赤坂，但是是一間又小又老舊的大廈。月租金十六萬日幣。那為什麼要住在赤坂呢？如果住遠一點，一定可以有更便宜、屋況好，又比較適合小家庭的選擇吧。

「我在結婚後，立刻就辭掉工作成為自由撰稿者了。而我有一個無論如何都無法妥協的想法：一流的寫手就必須住在東京都內。只要編輯有需要，就應該使命必達；只要跟工作有關的聚餐，不管喝到幾點都要撐到最後。我必須堅守這些原則，所以才會選擇不管在都內的哪裡喝，搭計程車回去都相對比較方便的赤坂。」

但是Ａ女認爲那附近的生活環境對小孩的教育來說不太理想，而漸漸開始對北条產生一些抱怨。當然也有部分是在氣他從穩定的上班族轉爲自由接案這件事。

無論如何都無法違背自己原則的北条，提出了一個折衷的方法。他決定要花八萬在都心的另一個地方租一間工作室，再用八萬在離所澤站坐公車約十分鐘的地方，租一間家用的房子。所澤站離Ａ女的老家很近，而坐地鐵再轉公車的話，從家門口到工作室則是大約五十分鐘的距離。

「結果跟預料中的一樣，我幾乎整天都泡在工作室。那裡本來就有淋浴間，也有廚房，完全可以正常地過生活。最後，我一個星期大概只會回所澤的家一、兩次。雖然我很想我女兒，但就是覺得很麻煩。也許是因爲想要的東西全部都已經到手，就過於自我滿足了吧。身爲宅男的我不但可以結婚、有妻子，現在就連小孩都有了呢。

再加上，我真的太愛太愛工作了。就算只多出一秒鐘，我都想用來工作。何況是花五十分鐘還要轉公車才能回家，這段時間對我來說實在太浪費了。總而言之就是工作優先，只要全心投入工作我就出不來了。就算現在也是這樣，這點我無論如何都改不了。」

北条輝煌的成就應該多多少少也是來自於這種，過度以工作爲主的性格吧。

「只不過，當出版業的景氣開始走下坡後，我的工作量也跟著減少了。雖然只要退掉都心的工作室就好，但是我辦不到。反而覺得應該再多投資一點在工作上，所以那時候亂花了很多錢。爲了能多接一點IT相關的文章，不但要讓身爲生財工具的電腦隨時處於最新的機種，業界相關人士邀約的酒局也是一場都不能漏掉。就這樣過了一陣子後，我開始負債了。大約一百萬左右的貸款。」

因爲A女沒有工作，北条就是全家的經濟來源，而生活費的拮据讓A女發現了貸款的事情。

「只要一回所澤的家，她就會瘋狂地逼問我，所以比起以前，我又更不常回去了。在那個時間點開始發展的……就是前面提到的小說家B女。」

代替贍養費的蠟筆

沒想到，那個所謂的「工作室」，竟然就是和B女一起生活的「池袋的單身公寓」。梳理一下目前的情況，是以下這樣的：

A女（第一任妻子）：在北条二十六歲時結婚，二十八歲時離婚

↓

B女（在池袋同居）：在北条二十八歲時開始同居，二十九歲時結束同居

↓

F女（第二任妻子）：在北条三十九歲時結婚，四十一歲時離婚

「所以我和A女就離婚了。其實有說好每個月要支付她三萬元的贍養費，但是我這邊眞的沒有工作上門。所以雖然對她很抱歉，但是也只有在我有入帳的時候才能給她。

有次我接到一個去夏威夷採訪的工作，就在當地買了一件襯衫送給女兒當作伴手禮。回國後我約A女在車站見面，因爲拿不出三萬元，所以只能把襯衫遞給她。她半句話都沒說地接過禮物，一臉猙獰地瞪著我。跟她道別後，我走了幾步再回頭，沒想到她還在瞪我。眞的很恐怖耶。我沒想過竟然有這種人。」

如果是我，我應該也會瞪你吧。說好的贍養費不付，大老遠把人叫出來結果只給了出差時買的伴手禮。我想北条一定也沒辦法想像A女的心情吧。沒想到他還毫無愧疚地接著說。

「但是也沒辦法啊。我就是沒有錢嘛。」

在那之後又過了好幾年，一個事件證明了北条從一而終的性格。那是在他工作漸漸好轉，每個月終於有餘裕付那三萬元的時候。

「我反省了這段時間的自己後，做的第一件事就是買了好幾百色的高級蠟筆快遞給我女兒，那一盒大概要五、六萬吧。當時正好是小學入學的時間點，想說可以當作慶祝禮物。沒想到外盒被貼上拒收的貼紙，原封不動地退了回來。我想這應該是要跟我斷絕關係的意思，就算是送錢也沒用了吧。等我女兒成年後如果想和我見面，我是一定會答應的，但是如果她沒有這個意思，那我大概也只能放下了。」

北条的話裡疑點重重。明明有錢可以付贍養費，爲什麼不趕快匯款，而是拿來買蠟筆？如果可以的話，應該先把之前沒給的費用結清後再來準備禮物吧。很明顯地順序有問題。

「順序嗎？嗯～也許是弄反了吧。但是現在再說這個好像也沒什麼意義。」

如果一輩子都沒辦法再見到小孩，會不會覺得很後悔呢？「好像也沒有到會想哭的程度。」北条回答。該說他太豁達，還是過於乾脆，或是其實早就有覺悟了呢？這讓我想起在採訪中，北条時常掛在嘴邊的幾個字：「那也沒辦法」和「也只能這樣了」。

結果，北条至今已有將近十五年沒有和A女跟女兒見面了，也不清楚她們的近況。那個被退回的高級蠟筆似乎是直接轉送給了妹妹的小孩。

恐怖情人和我的「彼此彼此」

「在經歷和A女的婚姻後，我發現我好像沒辦法跟太正常的人相處。因爲我無論何時何地都希望以工作爲第一優先，而且不管於公於私，只要有了『必須這樣做』的想法，我就會過於執著在實踐這個想法上。除此之外，我的時間管理很差，作息亂七八糟。我這個人太有個性了，但完全不是好的那種。在很多地方都太極端了。

所以在和A女分開後，就算聯誼的場合中碰到了漂亮的女性，但是如果她只是個單純的上班族，那我也不會跟她攀談。因爲那樣的人絕對不可能喜歡上我的，所以我也不想白費力氣。」

為什麼可以這麼肯定呢？

「因爲那種類型的女性一定有屬於自己的人生規劃，要在幾歲時結婚、辭掉工作、在幾歲前生幾個小孩、要怎麼養小孩……之類的。但是要實踐這些規劃對我來說都太困難了，過於有條有理的人和我絕對合不來。」

北条用超乎正常的語速，說明自己的人生是多麼「衝動行事」。

「B女離開後，爲了療傷，我去了世界各國旅行。回日本後，我借住在一位一級建築士C女在高級住宅區廣尾的家，她以這件事爲題材寫了部落格，後來還出了一本書。

接著，我在和skype上認識的俄羅斯人D女出軌後，和C女分手。我和D女一度親密到還去拜訪了她住在凱薩琳堡的雙親，但是沒多久後我就單獨去紐約進行寫作的工作，結果兩人慢慢疏遠，最後就自然消滅了。

來來回回繞了一圈後，我的公司倒閉了，我也搬到上野附近一間租金兩萬三千元、連兩坪都不到的超破爛公寓，以那裡爲據點創立了好幾個網站。在那前後有位E女輾轉住了進來，我們就開始同居……」

資訊量大到我的記憶體已經不夠用了。這一切還眞是波濤洶湧啊。從工作、住家到女友，沒有一件事是安定平穩的。但是這樣的日子裡，北条在網路業界名留青史的「戰績」，都是眞實的。

即使是這樣，是否眞的有必要特別挑選像F女或B女這類型的恐怖情人呢？「如果要說我是不是都故意找行爲舉止奇特，或有心理疾病症狀的人，或許也有這個傾向吧。」北条自己爲這個話題起了頭。

「我認識的這類型女性，共通的特點就是自私和不拘小節。所以和同樣自私、不拘小節，只想要自由地活著的我，剛好就是『互利互惠』。因此，她們都會寬容地接納我的存在。

A女雖然性格比較剛烈，但是思考模式就是個普通人。認爲丈夫應該要在普通的時間回家、要有穩定的收入、一起開開心心地過生活的那種普通人，但是這些我都做不到。A女並不接受自私、不拘小節，又一心只想要自由的我。所以我們才會離婚的吧。」

北条的確是在被A女嫌棄之後，才將目標轉向心理不健康的B女。這一切都說得通。雖然B女也讓北条在精神上承受了相當激烈的痛苦，但是從另一個角度來看，比起和A女在一起，和B女相處的時間對他來說，反而是「比較不那麼壓抑的生活」也說不一定。

理想的狀態是「微恐怖」

即使如此，會拘禁、束縛、限制伴侶的「恐怖情人」還是非常多。

「大家都把恐怖情人當成壞人，但是對我來說，他們的本質其實並不壞。雖然恐怖情人中有暴力傾向、會控制伴侶的人很多，但其實還是有一小群人是不會有這些行爲的。從發覺和A女的婚姻『好像哪裡不對勁』的這十八年來，我就開始有點偏執地把目標放在那其中的一小群人身上。雖然B女和F女都有暴力舉動，不過如果一開始就把恐怖情人排除在外，那也有可能會把最適合我的人選刪掉了，所以我才故意像飛蛾撲火般反覆地冒險。

而我現在交往的對象就屬於那『一小群人』。不暴力相向，也不會限制我的恐怖情人。無論是生氣還是不耐煩都自己消化，不會遷怒他人。雖然她在生活習慣上存在著足以左右生死的『某種問題』，但是那個問題反而變成讓我更想保護她的動力。超棒的。」

將對方在生活習慣上足以左右生死的「某種問題」，轉化成自己的動力。北条輕描淡寫地說出了有點驚人的話。

「而且不暴力的恐怖情人中，我最喜歡『輕柔系』的恐怖。你知道那種感覺嗎？就是會一邊說著『哎呀！不小心跌倒了』，一邊滿臉是血地走進門的那種女生。

而輕柔系的『輕』，指的就是沒有什麼在思考的意思。做事不謹慎、膚淺。講難聽一點，就是笨啦。頭腦不好的女生。我是完全不在意女生聰不聰明的，只要可愛、溫柔、又喜歡我，這樣就夠了。哪怕她人生中有屬於她黑暗的一面，只要不遷怒在我身上，我就願意成爲她的靠山。」

說實在的，我感到毛骨悚然。將這個案例歸類爲「需要與供給」是可以的嗎？在結束採訪，送走北条後，我坐在位子上反覆咀嚼了他之前說的那句話。

「只要是我認定『必須這麼做』的事情，就必須要做到。要不然我放不下。」

我想，北条在這十八年裡，一定也沒有動搖過吧。身爲一位無數知名網站和網路服務的幕後推手，也許眞的擁有這麼不可思議的能力也不一定。在冷氣過強的店裡，我忍不住打了好幾個冷顫。

四、業障、因果，與報應

Case 12——瀧田浩次

只想要我想要的

光是能近距離嗅到她的味道就是一種幸福

「上大學後我加入了廣告研究社，對社內當時大二、大我一歲的學姊一見鐘情，她也是我後來的太太大島綠（當時十九歲）。」

瀧田浩次（五十多歲）是一位平面設計師兼藝術指導。中分頭夾雜著些許白髮，梳理整齊的鬍子十分時髦，但也不會讓人覺得有絲毫的傲慢或刻薄，宛如年輕時的坂本龍一。

瀧田主要的工作內容從企業識別系統、商品標識，到新產品的包裝設計概念發想、企業的網站製作等等，光是聽他條列經手過的企業和商品名稱就足夠讓我目瞪口呆了，每一個都相當有知名度。沒錯，瀧田正是一位業界赫赫有名、炙手可熱的藝術總監。

一九八〇年代後期，瀧田畢業於東京都內的美術大學。在做了幾年以印刷物設計爲主的工作後便成立了自己的工作室，現在位於港區的據點有五位員工。

「小綠個子嬌小、皮膚很白，是一位美的很不眞實的女性。但是她的美是很吃氛圍的那種類型，所以光看照片可能感覺不太出來。她老家在東京世田谷區的成城，雙親是醫生兼大學教授。她是一位平常會讀拉岡※、對電影十分狂熱的千金小姐。很知性，比起富有，高貴這個形容詞似乎更適合她。光是能近距離嗅到她的味道就是一種幸福。」

花了一年讓女友離職

沒想到瀧田竟然因爲「她的側臉跟小綠很像」這個原因，而跟這位A女交往了。原本以爲是玩笑話，結果好像不是。而且也並不是「事後想起來～」的感覺。「做愛的時候，也是看著A女的臉想著小綠。我那個時候根本沒有把女性當作人看待。眞的很渣。當然也沒有想要跟A女長久交往的意思，所以在畢業前夕就分手了。」

瀧田進入設計工作室沒多久，在某次陪老闆出席的企劃公司餐會上，認識了新進的企劃B女，接著便開始交往。

「B女沒有像小綠那樣散發著壓倒群雄的魅力，但是我們對電影和音樂的喜好幾乎重疊，個性也很合得來。身邊的朋友知道我們在一起後，也都覺得非常有機會開花結果。雖然我對小綠還是念念不忘，但是畢業後就聯絡不上她了。所以當時也覺得，啊～這樣下去我大概就會跟B女結婚了吧。」

沒想到，在跟B女交往了三年後，命運的齒輪開始轉動。

「B女跟我說：『瀧田你知道最近進我們公司的大島綠嗎？她說她是××美術大學廣告研究社的社員耶，所以我想說會不會是你認識的人。』這句話讓我原本平靜的心躁動了起來。音訊全無的小綠竟然到B女的公司當創意總監。」

※譯注：雅各．拉岡，一九〇一－一九八一，影響了結構主義的法國哲學家、精神分析學大師。

光是因爲「咖啡廳的店員長得很像小綠」都會讓瀧田變成常客，從十八歲開始接近十年的歲月，至今仍然渴望的那張臉龐。「既然那麼有緣，那我們三個人約出來見個面吧。」暈船到不行的瀧田提出這個要求，終於可以和小綠重逢了。

「當然我沒有讓B女知道我喜歡小綠的事。而六年不見的小綠，依舊美的不像話……而且還跟社團的學長分手了。這不正是神明下達給我『去吧』的指令嗎！我下定決心，這輩子必須要跟小綠結婚。」

然後瀧田做出了令人覺得不可思議的舉動。

「我花了一年的時間讓B女離開那間公司，然後再和B女分手，重新對小綠展開追求。」

瀧田循序漸進、連哄帶騙地對B女洗腦。「你們公司薪水不高、工時又長，敵社○○在徵人，妳就去試試看嘛。」最後讓B女自發性地開始找工作。這個計畫總共費時一年。

「因爲B女和小綠很要好，所以如果她繼續待在這家公司，就算我們眞的分手了，也絕對不可能以B女前男友的身分去追求小綠，我必須要避免這種局面發生才行。無論如何我都要把小綠追到手，所以做好了萬無一失的周全計畫。」

他的縝密和熱情也得到回報，兩人正式開始交往。而且一年後便結婚了。那年瀧田三十歲，小綠三十一歲。沒想過會有如此突如其來的發展。

結婚是「炫耀用的成就」

瀧田終於和十年來心心念念的女神修成正果。但是事情在這裡又有了驚人的轉折。婚後沒多久，瀧田竟然和別的女性發生關係。

「和小綠的婚姻對我來說，是一種『炫耀用的成就』。我們宣布結婚的時候，大學社團的人都驚呆了。『那個很廢的瀧田竟然和小綠結婚？』哎呀～他們那個反應眞的是讓人覺得很爽快。這種好心情完全滿足了我骯髒的心態。因爲得到了『最高級的女人』，我的等級也跟著一併提升，任務完成！我還眞的是個大爛人。」

瀧田婚後立刻出來創業，在澀谷的神宮前租了一間小小的工作室。當時常常連續好幾天熬夜工作，忙到近乎瘋狂。即使如此，他仍然找到機會就想帶女生回去，最誇張的時候還可以同時劈腿三個人。

「那個時候小綠其實很明顯也有別人。她會說她和朋友喝到早上，所以八點多才到家，但是我們當時住在離澀谷只要四站的學藝大學，如果人在東京都內的話，只要坐上第一班車根本可以在六點左右到家。反正因爲彼此心照不宣，也沒有小孩，而且原本就是不互相干涉的相處模式，所以過得還算風平浪靜。」

爲什麼當時沒有想要離婚呢？

「無論如何，小綠對我來說仍然是一位很美好的女性，光是跟她肩並肩，我走路就有風。這是物化女性對吧。嗯，我知道。因爲我就是一個渣男。」

結婚第七年的時候，兩人的兒子出生了。雖然瀧田並沒有想要小孩，但還是「順從」了小綠迫切地渴望。不過，瀧田自認是有擔任好父親這個角色的。

「雖然我前一天可能和外遇對象在工作室的沙發上打手槍，但隔天早上還是會回家接小孩去托兒所的喔（笑）。因為我兒子真的是天下無敵可愛的。」

不過就在小孩即將迎接三歲生日時，瀧田在工作的場合，和一位名叫聰子（當時二十四歲）的女性相遇了。

體重銳減八公斤、恐慌症……

「在我認識聰子前，發自內心地認定小綠就是世界上最美的女性了，但是這想法竟然完全被推翻。小綠是藉著周圍氛圍烘托她的美，但聰子卻是實實在在的美人胚子；小綠有點過於纖細，身材豐腴的聰子則是可以用『超級』來形容的性感；而跟無欲的小綠比起來，聰子性慾旺盛；小綠當時已經四十一歲，聰子才二十四歲……我真的是一個大渣男啊。」

瀧田重複說了好幾次「渣男」這個字眼，讓我漸漸地覺得刺耳。

決定和其他的劈腿對象斷乾淨、專注於聰子一人的瀧田，維持了這樣的外遇狀態一年左右，直到忍無可忍的聰子終於說出：「我無法再這樣下去了。」在那一刻，他下定決心要和小綠離婚。

「我當下只覺得，既然可以和這麼完美的女人在一起，那妻子和小孩又算什麼。比起失去這個女人，我還寧願付賠償金給小綠，不管要給多少贍養費都可以。只要聰子願意張開雙臂對我說愛我，我的人生就沒有遺憾了。」

只不過，聰子並沒有承諾瀧田「如果離婚，我就跟你結婚」。即使如此，瀧田仍然向小綠提出了離婚。

「我找了很厲害的律師，讓小綠在這段關係裡成爲一個徹底的反派。就算她只是隨口說了『覺得未來很徬徨』，都可以將這句話擴大解讀成對我人格的否定。不過她家族的社經地位很高，也有強而有力的律師幫忙背書，所以也沒有那麼輕易就妥協。最後花了一年半才達成離婚協議。」

而瀧田因爲勞心勞力，體重銳減了八公斤，還出現恐慌症的症狀。不過，這似乎不是因爲離婚糾紛而引起的。

「因爲如果這一年半間聰子交了新男友還結婚的話，那我現在做的事不就都白費了嗎！這眞的是一場賭注耶。我還想說我會不會死於壓力過大咧（笑）。」

雖然行爲完全不符合道德標準，但是仍然遵守「順序」、堅持「原則」。就某種層面來說的確是很有規矩。跟當初爲了追求小綠，花了一年讓B女換工作的腳本似乎也有點相似。終於順利離成婚的瀧田，和聰子一起住在澀谷區代代木上原的高級公寓。

「牛」破壞了這一切

「因爲這樣彼此獨立自主、隨心所欲的兩人生活非常舒適，所以和聰子也就維持未婚的狀態繼續同居。」

當時瀧田將工作室從神宮前搬到表參道，經濟狀況算是還蠻寬裕的。

「不過，聰子在三十歲過後開始釋出想結婚的意願。都同居了五年，會這麼想也很合理吧。但是對我來說，就算結了婚，生活應該也不會有什麼改變，所以沒差，就趁這個機會去拜訪了她在東北某縣市的老家。總之就是以結婚爲前提跟對方父母打個照面。」

只不過在下了新幹線，換乘在來線※和公車後終於抵達的聰子老家，可是讓瀧田看傻了眼。

「她們家有牛耶！」

原來聰子家旁邊有一間小牛舍。但是令人傻眼的是，瀧田竟然因爲這些「牛」的存在，而跟聰子分手了。

「欸！是牛耶！您有親眼看過繁殖用的牛嗎？臉這～麼大（一邊用手比劃），會哞～地叫耶。」

說實在的，我完全不知道瀧田想要表達什麼。因爲女友老家旁邊有養牛就分手嗎？什麼意思？

「我生理上無法接受……」

一問之下，才發現在東京土生土長的瀧田，一直以來都對「悠閒的田園風光」、「自然景觀豐富的山林」、「古色古香的溫泉區」之類的天然環境非常抗拒。這種對大部分的日本人來說非常療癒和平靜的空氣，卻讓瀧田打從心底無法接受。對於聰子出生的故鄉，一個除了山和田梗、到了晚上連一盞燈都沒有的地方，他形容地如此直接。

「就是地獄。怎麼可能有人類生活在這種地方。尤其是牛我眞的不行……」

還眞是蠻偏激的一種感性呢。但就算是這樣，並沒有人要瀧田搬到那個被大自然包圍的地方住，也沒有要讓牛走進他的生活圈。如果眞的和聰子結婚，回老家也不過是一年一次左右的事吧？爲什麼會厭惡那個只進入視線一秒的「牛」到這種地步呢？

「光是一年要去一次我都做不到，更不用說要接受跟牛這個物種有牽扯的聰

※譯注：日本新幹線以外的舊日本國有鐵道／ＪＲ鐵道和各民營鐵路的路線。

子。對我來說是地獄的風景、環境，還有那些牛的存在，對她來說卻都是再熟悉不過的。『對她來說理所當然』的這件事本身，我就過不去……」

難以形容的不爽快

採訪進行了差不多三小時，瀧田因爲喝了很多已呈現醉醺醺的狀態。總之我不甘心地問了五、六遍一樣的問題。但不知道是醉了所以恍神還是另有隱情，瀧田像隻鸚鵡一般，只是不停重複著「因爲……因爲是牛耶！」、「牛我不行啦……」

「我對聰子的愛是連小綠和兒子都可以不要的程度，所以絕對不是不夠愛的問題。我在去程的新幹線上還練習了提親的台詞，但是……」

回東京後，聰子對沒有跟父親提親的瀧田大發雷霆。

「我跟她說了牛的事情，當然她是不可能理解的。沒多久後我們就分開了。雖然對於那個時候的狀況，我到現在都還是很後悔，但是，我眞的過不去。」

到最後，瀧田除了「過不去」以外再也沒有任何說明，讓我想起採訪結束前他說的那段話。

「和聰子在一起的那七年都因爲牛而被顚覆了。我還是沒辦法接受和聰子的老家變成姻親關係。完全否定聰子人生軌跡的我眞的是史上最渣的人類。」

因爲無法準確說明，只好讓一切歸零的不爽快。無法用邏輯和道德標準判斷、極度主觀的不爽快。光想到「那個東西」要和自己產生連結，就背脊發涼、無法忍受的不爽快。座落在內心深處、濃到化不開的那種不舒服。不知道瀧田是否在接近半百時，才終於發現自己心中藏著一個「無名的怪物」呢。

瀧田現在仍然單身。每個月都支付著龐大的贍養費。

【書籍版．後記】

本篇在網站上刊登後，獲得了許多和其它篇不同類型的迴響。「爲什麼關鍵會是『牛』啊？有夠莫名其妙的！」、「對我而言也有像『牛』一樣存在的東西，但是我一點都不想讓別人知道那是什麼」、「其實我很有同感，但是也說不出個所以然來」、「還以爲是在看什麼荒誕主義的小說」等等。

會有這些評價，可能也跟瀧田敏銳和誠實的人格有關。他對自己心中慢慢發芽的不愉快和不協調無法置之不理，就算身邊已經有了費盡心思才追求到的小綠，但是在遇到「比完美更完美的存在（聰子）」後，原本的女神在他眼裡也逐漸黯淡。瀧田就是如此感性的人。

但是瀧田在某方面來說也是過度嚴謹。爲了要和小綠結婚，先花一年讓B女離職；爲了和聰子同居，再花一年半和小綠離婚。無論什麼事情都必須合乎順序和邏輯。

但這種誠實和嚴謹的態度，也正是瀧田這個人的魅力。

雖然這只是我的推測，但是高不可攀卻願意和瀧田結婚的小綠、知道他撒狗血的離婚過程，卻還願意和大她一輪以上的瀧田同居的聰子，應該也是因爲瀧田本身無法忽視的魅力而被吸引的吧。

這些特質也讓瀧田在業界成為邀約不斷的人氣王。身為設計師，他有他獨有的敏銳、誠實，和嚴謹的態度，這樣的人是不可能沒有工作送上門的。

也許大部分的凡人，包括我，沒有瀧田那些吸引人的特質，也沒辦法像他一樣在工作上獲得莫大的成就。但是相反地，我們可能也根本沒機會察覺自己內心深處，那像「牛」一般存在的「無名怪物」。可喜可賀。

Case 13 —— 片山孝介

離婚眞好

口吃讓我「無法隨心所欲」

「初次見面就戴了毛帽，眞是不好意思。」見面前，片山孝介（四十三歲）傳來一通十分有禮貌的簡訊。在橫濱市內的ＩＴ公司擔任軟體開發的片山，給我的第一印象是位謙虛、誠實、注重禮數的人。雖然好像有一點點神經質，但是並不難相處。黑框眼鏡跟短短的鬍子非常適合他。

在自我介紹和開場的閒聊後，片山表示。

「我從小就因爲『結巴』，也就是口吃而感到困擾。講自己名字的時候特別明顯，會變成『我是ㄆ、ㄆ、ㄆ、ㄆ、ㄆ、片山』。」

我跟他說我完全沒發現，他說是因爲經過矯正，現在已經好很多了。不知道需要付出多少努力才能克服這件事呢？

「因爲我覺得口吃也是間接造成離婚的其中一個原因，所以不好意思，我可以從小時候開始講起嗎？」

當然，我說。片山開始回想。也許是因爲有點緊張吧，他鼻尖冒出了一滴滴的汗珠。

「我出生在北關東某縣市的鄉下。父親是上班族，母親是家庭主婦，另外還有兩個妹妹。因爲我口吃的關係，國小開始就在學校被欺負。國中時因爲有要好的學長罩我才得以安然度過，但是上高中後又再度回到地獄。每年新學期的自我介紹都讓我痛苦的半死。才剛發出『ㄆ、ㄆ、ㄆ、ㄆ……』的音節，就可以感覺到教室各處投射過來的異樣眼光，和窸窸窣窣『什麼？他在幹嘛？』的聲音。

這讓我在學校裡總覺得自己低別人一階。沒有辦法積極地跟別人溝通，也不會特別想要表達自己的意見。所以只好加入班上比較弱勢的小團體，就這樣度過了平凡的高中生活。」

在學校累積的憤怒與不滿，回到家後就會爆發。

「話說不好所以無法表達眞實的自我，只好將因爲心煩意亂而產生的壓力發洩在家人身上。我會對父母口出惡言、對妹妹們暴力相向，還曾經用拳頭揍過我妹。這哥哥超爛的吧。」

片山高中念的是當地的升學學校，但是因爲口吃而無法融入班級，所以開始翹課，當然也就沒有放什麼心思在準備考試上。

「其實本來是想考國立或公立大學的，但是成績完全不到標準。在重考一年後，才考到關東地區的私立大學。找工作也是一大考驗。因爲當時口吃還沒矯正好，所以只要是從自我介紹開始的面試通通失敗。剛好又碰到就職冰河期※，競爭更是激烈。」

不過，片山的重考時期和大學生活似乎過得還蠻開心的。

「畢竟重考班和大學裡的人際關係，不像高中那樣需要每天黏在一起。基本上沒有以一個班爲單位活動的時間，可以只參加自己想要參加的事務，也沒有必須附和他人的壓力。輕鬆自在，蠻快樂的。」

※譯注：泡沫經濟破滅後，日本社會上就業困難時期的通稱。

片山在大學的時候悟出了一個道理。

「我發現『無法表達眞實的自我』和『力不從心』的狀況，都讓我比普通人更容易感到強烈的壓力。所以高中時期因爲口吃而無法好好表達的我，才會對家人做出這麼惡劣的行爲吧。」

「力不從心」的職場和婚姻生活

最後終於擠進大型通訊企業子公司擔任工程師的片山，在工作第七年的時候因爲心理負擔過大而出現憂鬱的傾向，不得不暫停工作。正如片山所說，是因爲「對於力不從心的事情，比普通人更容易感到壓力」。而所謂的公司，又是一個不會特別在乎個人意願的組織。

「只要是碰到要求不合理的客戶或是上司，我就會忍不住回嘴。一般人的話應該是可以稍微忍耐一下吧，但是我就是忍不住。這個原因也讓我和公司的關係變得很緊張，工作起來就更綁手綁腳了。總之就是一個惡性循環。」

結果片山辭掉了那份工作，進入現在的公司。在三十歲時參加的聯誼上，認識了在銀行擔任櫃檯行員的由香（當時二十九歲），很快地便開始交往。大約八個月後結婚。那年是二〇〇八年。

「雖然對由香有點不好意思，但是我當時已經擅自決定了『就跟下一個交往的人結婚吧』，所以我們才會進展得那麼快。當然她酷似仲間由紀惠的長相本來就也是我的菜啦。」

只不過婚後沒多久，片山就開始對由香有了一些不滿。

「例如垃圾的丟法好了，她會立刻用『但是～』或『不過～』這種負面的口氣，我非常不喜歡她這一點。」

我問他是對丟垃圾的哪個部分有意見，但是片山並沒有給出一個具體的回答。

「你應該覺得這只是件小事吧。不過因爲我在新的公司壓力還是非常大，所以回家後，如果家裡的事或妻子的行爲不如我意的話，我就會……變得很焦躁。我也不想這樣。」

這部分也完全體現了片山「因爲對於力不從心的事情，比普通人更容易感到壓力」的性格。

將人生寄託在丈夫身上的妻子

在由香的各種行爲中片山最無法忍受的，是拿自己跟別人比較這件事。

「她朋友在某鐵道局工作，因爲那裡的福利非常完善，薪水也很好，所以就問我要不要乾脆改行去鐵道局上班。雖然一半是開玩笑，但也有一半是認真的。因爲我聽了覺得刺耳，所以希望她不要再問了，但是不管說幾次她都不當一回事。」

「她也有可能並沒有惡意，是我擅自做了負面的解讀而已……」片山補充說道，接著也分析了由香的行爲。

「由香十多歲的時候曾罹患甲狀腺亢進。就是甲狀腺賀爾蒙分泌過多引起的免疲功能失調，症狀是容易疲倦，有些人還會感到焦躁不安。在無法集中精神讀書的狀態下，她也沒能考上理想的高中。所以……可能是我想太多了啦，但是總覺得由香是因爲沒辦法實現自己的心願，才把一切希望都寄託在我身上。」

因爲口吃而無法走上理想之路的片山、因爲甲狀腺亢進而無法走上理想之路的由香。似乎，有那麼點像。

因為憂鬱再度停工，然後離婚

婚後沒多久，片山的憂鬱症又發作了。原因還是跟之前一樣，職場上人際關係的摩擦。再加上當時每個月的工作時數高達四百個小時。身心俱疲的片山再度暫停了工作。

「一開始請的有薪病假還可以領到全額薪水，幾個月後改爲傷病給付，薪水立刻少了六成。看了我的薪資明細後，由香很明顯地表現出不安的情緒。沒隔幾天就要問我一次：『那個，你什麼時候要回去上班呢？』」

這是最不應該對因憂鬱症而休養中的人說的話。

「她也有陪我一起去看身心科的初診，當時明明還被醫生再三叮嚀不可以問什麼時候才要回去工作……不過大概也是因為太沒有安全感了吧。我發自內心地拜託她不要再逼問我了，但是沒過多久她又開始問。然後就一直輪迴……」

對於由香覺得不安的理由，片山是這麼推測的。

「我沒有去上班的日子多半都是坐在沙發上發呆，然後就這樣一天一天的過去了。不過只要有一點好轉，我就會稍微散個步、玩一下電動，雖然還是沒辦法進公司或去比較遠的地方，但這種不會影響心情的活動是沒有問題的。

只是對由香來說，她早上出門的時候我在玩電動，她晚上回來的時候我還在玩電動。怎麼看都是一個廢人吧。『這個人難道不是自己本身有問題嗎？其實根本已經可以回去上班了吧？』她把對我的不信任明白地寫在臉上。搞不好對她來說，我一整天都躺在床上還比較合理。」

由香對片山產生了懷疑，片山對由香的懷疑也表現出明顯的厭煩。夫妻關係就這樣持續惡化下去。

「圓滿」的離婚

「其實當時由香也有她自己的壓力。在我開始休息後沒多久，她就接到了調店指令，從通勤時間原本只要一小時的地方，被調到光是單程就要兩小時的分店。每趟要轉三班電車，每一條都是上下班時間會擠爆的路線。筋疲力盡地回家後看到我坐在沙發上耍廢，的確是會讓人忍不住想問『你什麼時候要回去上班？』吧。」

對方的存在就是彼此最大的壓力，像極了一齣很糟的八點檔裡會有的劇情。因為實在忍不下去，兩人便分居了。由香搬回雙親在東京都內的老家，她老家離新的上班地點比較近，也算是促成兩人分居的原因之一。

分居期間，片山終於在睽違八個月後回到了職場。但是夫妻兩人的關係比沒有因此而改善，只要由香回到我們家就又會吵起來……這樣的日子反反覆覆，由香也開始頻繁地把「離婚」掛在嘴巴上。終於在二〇一〇年時兩人離婚了，大約兩年半的婚姻生活就此劃下終點。

「雖然這麼說有點怪，但是我們離婚這件事本身是很圓滿的。我們沒有小孩，存款一人一半，也沒有贍養費。由香搬出去後，我還是繼續住在婚前以我的名義買下的房子。雖然有好幾個朋友都跟我說：『就因爲這種原因離婚？你們再好好談一下吧？』但其實我和由香都覺得這是最好的結局。」

只是，就算聽到這裡，我仍然聽不出來片山到底是因爲由香的什麼魅力而想要結婚。「決定要跟下一個交往的人結婚」、「喜歡她酷似仲間由紀惠的外表」，然後呢？話說回來，由香又究竟想從片山那裡獲得什麼呢？要怎麼做由香才會滿足呢？但是對於這些問題，片山也只是不斷重複著「我不知道」。過了一陣子，片山開口了。

「我啊，在離婚後曾經有一段時間，無法理解人類活著到底是爲了什麼。」

在那瞬間我才發現，片山左手的無名指上戴著一個「戒指」。

妻子和家裡的狗

「人是爲了什麼而活？雖然我到現在還是沒有一個確切的答案，但是曾經有好幾個瞬間都讓我覺得『難道就是爲了這個嗎？』。其中一個是我和由香當時養在家裡的狗狗。

那隻狗狗在我因爲憂鬱症而停工的期間，每天都會看準由香回家的時間，搶先到玄關去等她。離婚後狗狗歸我管，但是在搬家公司把由香的家具一件一件搬出去的時候，可以看到牠露出非常困惑的表情。『咦？怎麼了嗎？爲什麼？』在由香搬出去後，牠仍然每天都會花一小時，在玄關等再也不會回來的由香。看著看著，我都覺得好心疼……」

片山的聲音裡充滿了情緒。

「就算只剩一人一犬的生活，我在公司還是很容易累積壓力。雖然離了婚，卻也沒有任何事情改變，工作仍然無法隨心所欲。帶著擺脫不了的煩躁回到家後，畢竟狗還是狗，還是有很多行爲無法控制，然後就讓我更煩躁。

有天早上我要出門上班時，狗狗忽然做了一些不好的行爲，讓我當下完全無法控制自己過激的憤怒。我失去理智地抓住牠，結果牠竟然嚇到當場失禁了。看牠這樣我更氣。『這是你自作自受！』拋下這句話，也沒做任何清理我就出門了。

但是關上門後我眞的很後悔。那個把在學校累積的抑鬱發洩在妹妹身上的高中生，竟然一點成長都沒有。我打從心底討厭這樣的自己。」

那天晚上，片山小心翼翼地打開家門，只看到狗狗從沾滿大便的房間跑出來，奮力地搖著尾巴迎接自己。

「我對牠做了這麼壞的事，牠看起來卻還是那麼開心，讓我忍不住哭出來。『對不起！對不起！』只能一直跟牠道歉。」

人要和人在一起才能感到幸福

和暴力相向的自己相比，狗狗卻像什麼事都沒發生似地對自己傳達愛意。受到感動的片山發現了一件事情。

「光是有這孩子待在我身邊，我就能感覺到幸福。這讓我發現，能和某個人一起度過的時間是多麼難得、多麼無可取代。同時我也反省了我過於被情緒支配的行爲。沒有我的話這孩子根本活不下去，我明明應該好好保護牠的，眞不知道我當時在想什麼。」

片山語重心長地說，他覺得自己跟他的狗狗一樣，是無法一個人生活的。有家人、朋友和同事相伴的時間才是最珍貴的，也是他們一路以來的支持，他才能走到現在。和狗狗的一個小插曲，竟然讓片山有了如此的體悟。

「我在離婚後立刻傳了一句『我找不到活著的意義』的ＬＩＮＥ給我妹妹。才剛傳完她就打給我了。語氣聽起來非常擔心……她明明曾經是被我暴力相向的受害者，卻……我當時感激到差點哭出來。

雖然我還是一個很糟糕的哥哥，但是和妹妹一起度過的家庭時光仍然是有意義的。掛掉電話後，我覺得人應該就是爲了體會這種幸福而活著的吧。」

片山的話讓我也感傷了起來，但同時又嗅到了一絲矛盾。雖然片山在採訪中一直把「當事情無法如自己所願時，我會比普通人更容易感到壓力」掛在嘴上，但是應該沒有比自己身邊的「他人」更讓人無法凡事隨心所欲的存在了吧。事實上，片山也是因爲這樣而暫停工作，因爲這樣和由香離婚，但是現在又說著「和某人在一起的時間很珍貴」，這是什麼狀況呢？

聽完我的疑問，片山稍微思考了一下後說道。

「其實我以前曾經沉迷於電動。」

享受下雨

片山在國、高中時期經常泡在電動遊樂場，從「街頭霸王Ⅱ」到「VR快打系列」，他對格鬥遊戲愛不釋手。在家時就打紅白機和Play Station，從RPG玩打到足球遊戲，可說是無電動不歡。進入社會後也仍然熱愛著電動。

「但是有一個我絕對不玩的，就是線上遊戲。」

就是利用網路連線，和線上不認識的玩家對打，或組隊一起冒險的遊戲種類。最近流行的「開放世界」，就是一種可以在被創造出來的廣闊空間中自由探索，還能和當下登入的玩家聊天、交流的遊戲。在那個虛擬空間中，裡所當然也存在著「城市」和「社群」。

但也就是這一點讓片山感到「不舒服」。

「遊戲就是玩自己開心的，我一點都不想被其他人打擾。我想要自己努力練等、專心破解攻略。但是玩線上遊戲的話，就會被其他玩家的存在影響對吧？我很不喜歡那樣。」

除了單純完成被設定好的活動或關卡，還能和在現實生活中不認識的玩家展開交流。這種線上遊戲獨有的醍醐味，對片山來說卻只是一種折磨。線上遊戲構築的空間，跟讓他吃盡苦頭的「學校」和「職場」根本沒什麼兩樣。

「無論是工作還是電動，我都希望可以在不被任何人催促、追趕的狀態下，按照自己擬定好的計畫一步一步前進。所以我只玩單機遊戲。」

單機遊戲則是不用連網路，只要有一台遊戲機和螢幕就可以從頭到尾獨立運作的遊戲。所以，雖然片山是有名的RPG作品《Final Fantasy》（太空戰士）系列的鐵粉，但是對改成線上多人模式的第十一到十四部，可是連碰都沒碰過。

「不過，最近幾年我也不太打電動了。離婚後我找到了新的興趣，我開始露營。」

有夠意外。需要看大自然臉色的露營，可說是超級「無法如自己所願」吧。可能因爲一場突如其來的雨而無法烤肉，也可能想釣魚卻一隻都釣不到。

「對啊（笑）。有次還在到了紮營地後，才發現地上泥濘不堪，根本連帳篷都沒辦法搭……我一開始也會因爲這些無法預測的狀況而感到很大的壓力。但是約我去露營的是我非常尊敬的一位朋友，他對因爲下雨而鬱鬱寡歡的我說：『既然下雨了，我們就來享受下雨才有的樂趣吧。』」

人是會變的

片山說著說著，露出了採訪以來最燦爛的笑容。

「其實，我在去年的五月再婚了。」

距離上一段時隔八年的第二次婚姻。在沖繩長大的現任妻子是一位不拘小節、個性瀟脫的女性。

「我有次和現在的妻子一起去旅行，結果當地忽然下起了雨。因爲我是會在行前安排好縝密的行程，希望可以照著計畫走的人，所以當下其實蠻沮喪的。但是她跟我說：『那我們就去做下雨也可以做的事吧。難得的旅行，開心一點嘛！』」

那現在的工作和日常生活中，還會有因爲「無法如自己所願而累積壓力」的時候嗎？

「當然還是會有。但是我發現，有時候我太太會爲了讓我開心而默默地替我做很多事。她會約我出門吃好吃的餐廳、分享一些網路上好玩的情報給我，還會把公司的事情用有趣的方式說給我聽。

雖然我在外面累積的壓力沒有這麼容易消化，但是我太太每天都這麼努力地爲我著想。只要想到這裡，該怎麼說呢……我就如同被救贖了一樣。也許只是一些平淡無奇的事，但就是有一種『啊～我好幸福』的感覺。」

「平凡卻幸福。」世界上還有什麼比能說出這句話更幸福的事呢？

「雖然人生中有了瑕疵，但是如果少了和由香的那一段婚姻生活，我可能到現在都還是一個只能用攻擊他人來舒緩自己壓力、一個只要下雨就會不耐煩的人吧。雖然我愧對了由香，但是那段時間也不是完全無意義的。和由香結婚是件好事，離婚也是件好事。雖然體會得還不透徹，但是藉著離婚的經驗，也讓我開始了解人生的意義。」

片山離開前跟我說，他的妻子肚子裡有小孩了。

「沒有比養小孩更無法如自己所願的事情了對吧？但是我已經做好心理準備了。只要能夠每天都跟我太太和快要出生的小孩在一起，那其他就沒有什麼好奢求的了。這份幸福，我絕對不會輕易放掉。」

人是會改變的。沒有無意義的結婚，也沒有無意義的離婚。片山用他自己的人生證明了這件事。採訪開始時，片山鼻間上冒出的汗珠，不知何時早已風乾。

後記

我忘不了拍板讓《妻子即地獄：無法成爲丈夫的我們》成爲連載的責編和主編（皆爲女性）說的那句話。

「雖然常常聽女性談論離婚經驗，但是卻很少聽到男性說。」

就是這麼一回事吧。離婚時，女性多半會對同性友人吐苦水，也常常可以讀到記錄離婚女性經驗談的報導文學或散文。但是從男性發聲的例子卻不多，男性用赤裸的心情描寫離婚這個議題的文章也著實少見。「離婚的男人內心深處到底在想什麼呢？」這也許正是讓女性們感到好奇的地方。

確實如此。

男人之間的確不太會出現「我正面臨離婚危機」或「離婚眞痛苦」這類的牢騷。就算是面對非常親近的朋友，好像也不會特別想要談這個。久久未見，問到對方近況時，「話說我離婚了」這種事後告知也不少見。

爲什麼男人們對自己離婚的事避而不談呢？可能是因爲，現今的日本社會對離婚人士的想法仍然會因爲性別而有所不同。

離婚的女性是「被害者」，離婚的男性則是「沒出息」。簡單來說，這就是日本的社會擅自幫當事人貼上的標籤。然後，「被害者」透過分享經驗來讓「犯罪報告」成立，但是「沒出息」的人說話就只是「雪上加霜」而已。

也就是說，對日本的男性而言，即使其中隱含著多少不可告人的內幕，離婚這件事基本上就是「羞恥」兩個字。

但是離婚的男性也擁有話語權，而擔任他們大聲公的就是《妻子即地獄：無法成爲丈夫的我們》。連載期間的反饋讓我察覺到這件事。

文章在「女子SPA！」連載的期間，幾乎每一篇都會被Yahho!新聞轉載，而底下回覆的留言從數百到一千則以上都有。

雖然網路文章偶爾會出現不利於點閱率的分期刊登（一位受訪者的故事被分成二至三回的系列週更），但是責任編輯也會經興奮地跟我報告：「一直都很火爆的Yahho!留言中竟然有人說『很期待下一期』耶！這還是我第一次看到這種留言！」

那時的留言區充滿了各種觀點和論述，場面可說是非常激烈。

除了「那個男的太沒用了吧」、「老婆好可憐」、「是那個妻子太過分吧」、「老公好慘」這類很直覺的意見，也有人分析起了夫妻雙方的「教養」問題，還有人批評是結婚前沒有察覺對方缺陷的男方比較愚蠢。而針對這個批評，又不斷有人提出「你一定沒結過婚吧」、「人結婚後是會變的，根本不可能事先看透好嗎」這類的反對意見。當然，這之間並不存在正確解答。

爲了實體書的獨家採訪，我從Case 9的河村仁和Case 10的澀井悟兩位的對話中，發現了一件很不可思議的事。我之前就聽過很多人講述「妻子暴行的事蹟」，而神奇的是，那些經驗都非常典型。在上述二位的採訪中，我好幾次都忍不住脫口而出：「我也有聽別人這麼說過！」

而網路連載談到「恐怖情人」那一期（「前言」中有提到，這期因某些因素而無法放入書中）的Yahho!留言中，的確也出現很多「我也有過這樣的經驗」、「我前女友就是這樣」、「我身邊也有這樣的女生」這類充滿共鳴的回覆。我朋友和同事也不只一次在Facebook的私訊或ＬＩＮＥ上收到：「我懂！」、「我老婆正是這樣」的告白。而且，越悲慘的故事，獲得的共鳴就越多。

借用澀井的話來說，《妻子即地獄：無法成爲丈夫的我們》可以說是男版的「#MeToo」吧。

也許無論是多特殊的遭遇，都無法完全斷定和自己無關。故事中的伴侶看似脫序的異常行爲，聽著聽著，好像也都跟我們的生活沾上了一點邊。所以我也希望能透過這本拙作，傳達出這種普遍令人迷惘和不安的情緒。

以下，則是稍微偏頗的己見。

也是有夫妻關係已經出現非常明顯的裂痕，卻仍然不願意離婚的人。他／她們是這樣認爲的。

「好不容易撐了到現在，如果離婚那不就全盤皆輸？所以我想要再努力一下。」

但是事情不是這樣的。

大家應該知道股票投資圈裡說的「停損」吧？就是把不會再漲的股票賣掉以止血、避免虧損變大的意思。

「我好不容易忍著放到現在了，這時候賣出豈不是損失一筆嗎！」越是這樣思考的人，越容易輸給股票。因爲無論如何只想死守不放，任憑損失逐漸擴大，總有一天整個人都會栽進去。

對於那些沒有前景的股票，一秒都不用留戀。同理可證，沒有可能修復的伴侶關係，一天都不用覺得可惜。

因爲也許某天彼此的關係會好轉？但是人的時間是有限的，不用把有限的人生賭在不知道何時才能好轉的關係上。多等那一分、一秒，都只會讓自己的身心靈變得衰弱、感官變得遲鈍，最後只是變成阻礙自己再出發的絆腳石而已。我們沒有這麼多時間。

所以，我想對在這本書中，經歷了艱難的判斷後選擇離婚的受訪者們一句心靈喊話。

你們的選擇都是正確的。

無論這個社會、大衆、你們的前妻是多麼地苛責你們，身爲作者的我仍然十分尊重你們的決定。你們察覺人生的有限後，抱著必死的決心選擇「停損」的勇氣，讓我打從心底的佩服。

這本書的完成，來自很多人的力量。

從企劃初期就接受我諮詢的「一個叉」的大家。

在初次見面的飯局上談到這個企劃，就以光速在編輯會議上提案、促成連載的「女子ＳＰＡ！」的責任編輯辻枝理小姐、主編增田結香小姐。

鼓勵我出書、實際上也幫了很多忙的，我的死黨編輯們。

將我的文章實體化的KADOKAWA菊地悟先生。

連載時，每一篇都給我及時回饋的衆多朋友們。

最重要的是，接受我的採訪，將大衆認爲「羞恥」的離婚經驗毫無保留地說出來的他們。我在這裡致上最高的感謝。

採訪時讓我感到最開心的是，爲了確認原稿而再度跟受訪者聯絡時，聽到「我終於梳理好了自己離婚的原因」、「藉著這個採訪，讓我有機會重新面對自己」、「在採訪中讓我有了新的發現」等等這些來自他們的感想，這眞是我身爲一個寫手、一個採訪者的最高榮譽啊。

之中還有幾位在我跟他們表示感謝時，說出了完全一樣的回覆。

「能幫到忙眞是太好了。」

幫忙？不知道是幫誰的忙，還是爲誰而忙呢。

最後，想引用Case 6中，花田啟司提到的電影《追殺比爾》的導演昆汀・塔倫提諾所寫的腳本來作結。

《絕命大煞星》（一九九三）是一部利用暴力犯罪的元素，描述在漫畫店工作的宅男克雷倫斯，和妓女阿拉巴瑪之間激烈愛戀的公路電影。在這部電影的開頭，阿拉巴瑪有一句獨白。

I kept asking Clarence why our world seemed to be collapsing and things seemed to be getting so shitty. And he'd say,
我不斷地問克雷倫斯，爲什麼我們的世界似乎在崩潰、爲什麼事情會變得如此糟糕。而他總是說：

"That's the way it goes, but don't forget, it goes the other way too."
「人生就是那麼一回事，但是別忘了，它也有另一種可能。」

That's the way romance is... Usually, that's the way it goes,
浪漫也跟人生一樣……通常就是那麼糟糕，

but every once in a while, it goes the other way too.
但是偶爾，它也有另一種可能。

願每一位經歷離婚的人，都能平安幸福。

令和元年十月

稻田豐史

Diverge 007

妻子即地獄：無法成為丈夫的我們
ぼくたちの離婚

作者　稻田豐史
譯者　張瑋芃

堡壘文化有限公司
總編輯　簡欣彥
副總編輯　簡伯儒
責任編輯　張詠翔
行銷企劃　游佳霓
書籍設計　mollychang.cagw.

出版　堡壘文化有限公司
發行　遠足文化事業股份有限公司（讀書共和國出版集團）
地址　231新北市新店區民權路108-3號8樓
電話　02-22181417
Email　service@bookrep.com.tw
郵撥帳號　19504465 遠足文化事業股份有限公司
客服專線　0800-221-029
網址　http://www.bookrep.com.tw
法律顧問　華洋法律事務所　蘇文生律師
印製　章懋印刷實業有限公司
初版1刷　2024年8月
定價　400元
ISBN　978-626-7506-07-3
ESIBN　978-626-7506-06-6（EPUB）
ESIBN　978-626-7506-05-9（PDF）

妻子即地獄：無法成爲丈夫的我們/稻田豐史作；張瑋芃譯.
-- 初版. -- 新北市：堡壘文化有限公司出版：遠足文化事業股份有限公司發行, 2024.08
272面；128×190公分. --（Diverge；7）譯自：ぼくたちの離婚
ISBN 978-626-7506-07-3（平裝）　1.CST: 離婚 2.CST: 夫妻 3.CST: 家庭關係
544.361　　113009676